Juristischer Wegweiser durch Berlin

nebst einem Anhange

betreffend die juristischen Staatsprüfungen

von

Dr. Franz Hoeniger,
Gerichtsassessor.

Berlin 1903.
J. Guttentag, Verlagsbuchhandlung,
G. m. b. H.

Vorwort.

Der nachfolgende „Juristische Wegweiser durch Berlin" verdankt seine Entstehung dem Entgegenkommen der Verlagsbuchhandlung. Er charakterisiert sich als ein Versuch, das praktisch Wissenswerte des vielgestaltigen Berliner Rechtslebens in Kürze wiederzugeben. Als Ausgangspunkte für die Darstellung schienen einmal die rechtsprechenden Behörden, zum anderen Male die juristischen Bildungsanstalten, insbesondere die Universität und die Bibliotheken, endlich die juristischen Vereine und Stiftungen geeignet. Ein weiterer Abschnitt gibt die Vorschriften über die beiden juristischen Staatsprüfungen wieder.

Was die Gerichte anlangt, so ist das Hauptgewicht auf die Darstellung ihrer Organisation gelegt. Angaben über innere Einteilung und Zuständigkeit sind lediglich da geboten, wo diese Punkte weniger bekannt dünkten oder speziell für Berlin zu interessieren schienen. Bei den Bildungsanstalten ist nach Möglichkeit Sitz und Zugänglichkeit darzustellen versucht. Die Prüfungsvorschriften sind endlich nur insoweit mitgeteilt, als sie das Formelle, den äußeren Rahmen der Prüfungen, betreffen. Für Kandidaten des Assessorexamens schien es angezeigt, einige Formulare mitzuteilen.

Die sicherlich nicht geringe Anzahl von Mängeln wolle man mit der Neuheit des Unternehmens entschuldigen. Für jeden bessernden Wink wird der Verfasser sehr dankbar sein.

Berlin W 50, den 28. April 1903.
Kurfürstendamm 14/15.

Dr. Franz Hoeniger.

Inhaltsverzeichnis.

Verzeichnis der Abkürzungen.

AG. = Ausführungsgesetz.
Allg. Verf. = Allgemeine Verfügung.
Art. = Artikel.
betr. = betreffend.
ca. = circa.
CBl. = Centralblatt für das Deutsche Reich.
Circ.-Verf. = Circular-Verfügung.
EG. = Einführungsgesetz.
Exc. = Excellenz.
fg. = folgende.
G. = Gesetz.
GG. = Gewerbegericht.
GeschO. = Geschäftsordnung.
GewGerGes. = Gewerbegerichtsgesetz.
GesSamml. = Gesetzsammlung (preußische).
GewUnfVersG. = Gewerbe-Unfallversicherungsgesetz.
GVG. = Gerichtsverfassungsgesetz.
JMBl. = Justiz-Ministerial-Blatt.
JVersG. = Invalidenversicherungsgesetz.
Justizm. = Justizminister.
KG. = Kammergericht.
M = Mark.
MBl. f. d. i. V. = Ministerialblatt für die innere Verwaltung.
MStrGO. = Militärstrafgerichtsordnung.
nachm. = nachmittags.
Nr. = Nummer.
PrFrGG. = Preußisches Gesetz über die freiwillige Gerichtsbarkeit.
RA. = Rechtsanwalt.
Reg. = Reglement.
RFrGG. = Reichsgesetz über die freiwillige Gerichtsbarkeit.
RGBl. = Reichs-Gesetzblatt.
s. = siehe.
UnfVersGes. = Unfallversicherungsgesetz.
vgl. = vergleiche.
V. = Verordnung.
vorm. = vormittags.
werkt. = werktäglich.

1. Abschnitt.

Die Berliner Gerichte.

A. Die ordentlichen bürgerlichen Gerichte.

I. Das Kammergericht.

Sitz: SW 68, Lindenstraße 14.

Zuständigkeit: Oberlandesgericht für die Provinz Brandenburg und den Stadtkreis Berlin; kleines Obertribunal: § 50 PrAG. z. GVG.; Art. 7, 8 PrFrGG. in Verbindung mit § 199 RFrGG.; § 28 PrGKG.

Bei dem KG. wird der große Disziplinarsenat gebildet. G. 7. V. 1851 (GesSammI. 218), ergänzt durch G. 26. III. 1856 (GesSammI. 201) und § 6 fg. G. 9. IV. 1879 (GesSammI. 345).

Mit dem KG. verbunden ist der Geheime Justizrat. Art. III. G. 26. IV. 1851 (GesSammI. 181); Königl. V. 14. VIII. 1852 (GesSammI. 771) § 5 EG. z. GVG.; § 18 AG. dazu; § 2 AG. z. GVG.; § 2 Kaiserl. V. 26. IX. 1879 (RGBI. 287).

Die Oberstaatsanwaltschaft beim KG. hat ihren Sitz im Kammergerichtsgebäude.

II. Das Landgericht I.

Sitz der Civilabteilungen: Grunerstraße 3 u. Neue Friedrichstraße 16/17 (Neuer Justizpalast); Strafkammern: NW 52 Alt-Moabit 11 (Kriminalgerichtsgebäude); Gerichtsschreibereien der Strafkammern: NW 52 Werftstraße 7; Zentralkanzlei: Neue Friedrichstraße 87.

Zuständigkeit: nur für Amtsgericht I.

Die Staatsanwaltschaft beim LG. I ist im Kriminalgerichtsgebäude NW 52 Alt-Moabit 11 untergebracht.

III. Das Landgericht II.

Sitz der Civilabteilungen: SW 46 Hallesches Ufer 29—31; Kriminalabteilungen: NW 52 Alt-Moabit 11 (Kriminalgerichtsgebäude).

Zuständigkeit: Amtsgerichte Berlin II, Charlottenburg, Rixdorf.

Die Staatsanwaltschaft beim LG. II ist in dem Hause NW 52 Rathenowerstraße 6 untergebracht.

IV. Das Amtsgericht I.

Sitz: Die Civil- und Verwaltungsabteilungen sind in 7 verschiedenen Gebäuden untergebracht, nämlich: 1. Amtsgerichtspräsident, Präsidialbureau, Abt. 155: C 2 Neue Friedrichstraße 87. 2. Bureaus der Civilprozeßabteilungen 1—28: O 27 Schicklerstraße 1. 3. Abt. für Vollstreckungssachen 77—80: C 25 Dirksenstraße 26/27. 4. Abt. für Konkurs- und Aufgebotssachen 81—84: C 2 Klosterstraße 77/78. 5. Abt. für Rechtshilfesachen 91—94, 123: C 2 Molkenmarkt 2 (ehem. Stadtvogtei). 6. Abt. für Zwangsvollstreckungssachen 85—87; für Registersachen 88—90, 122; für Testamentssachen 95—96; für Grundbuchsachen 113—119, 121, 124; Bureaus der Civilprozeßabteilungen 29—76, 112, 120; Sitzungssäle für Civilprozeßsachen: C 2 Jüdenstraße 58/60 (altes Stadtgericht). 7. Abt. für Vormundschafts- und Nachlaßsachen 97—111: Grunerstraße 3 und Neue Friedrichstraße 16/17 (Justizpalast III. Etage).

Die Strafabteilungen sind in 3 verschiedenen Gebäuden untergebracht, nämlich: 1. die Abt. 125—150, Sitzungssäle der Schöffengerichte, NW 52 Alt-Moabit 11 (Kriminalgerichtsgebäude). 2. die Gerichtsschreibereien der Abt. 125 bis 128 ebendort; der übrigen NW 52 Werftstraße 7. 3. die Abt. 151—154 (Untersuchungen gegen Landstreicher, Bettler, Prostituierte): C 25 Dirksenstraße 16.

Zuständigkeit: örtlich nur für die Gemeinde Berlin; sachlich: vgl. Verf. 27. XI. 1899 (PrJMBl. 387); Art. 11 Kaiserl. V. 16. XI. 1899 (GesSamml. 177); Verf. 4. XII. 1899 (JMBl. 560): gemeinsame Führung der Güterrechts-,

Handels-, Genossenschafts-, Binnenschiffs-, Muster-, Börsen-, Wassergenossenschafts-Register für die Amtsgerichte I, II, Charlottenburg, Rixdorf.

V. Das Amtsgericht II.

Sitz der Civilabteilungen: SW 46 Hallesches Ufer 29—31; mit Ausnahme der Abteilungen 14, 15, 15a, 22, 27 Vormundschafts-, Nachlaßsachen; 16, 17 Zwangsversteigerung; 26, 34 Zwangsvollstreckung; 18 Rechtshilfe; und der Gerichtsschreibereien für die Civilprozeßabteilungen 21, 30, 32, 33, die SW 46 Hallesches Ufer 26 untergebracht sind; der Strafabteilungen, Schöffensäle: NW 52 Alt-Moabit 11 (Kriminalgerichtsgebäude); der Gerichtsschreibereien der Strafabteilungen: NW 52 Rathenowerstraße 83.

Zuständigkeit: A) Stadtkreis Schöneberg. B) Aus dem Kreise Nieder-Barnim: die Amtsbezirke Ahrensfelde, Biesdorf, Blankenfelde, Boxhagen-Rummelsburg, Dalldorf, Falkenberg, Franz. Buchholz, Friedrichsfelde, Hohen-Schönhausen, Lichtenberg, Malchow, Nieder-Schönhausen, Pankow, Weißensee, Reinickendorf, Schönerlinde, Schönwalde, Stralau, Tegel, Hermsdorf. C) Aus dem Kreise Teltow: der Stadtbezirk Teltow, die Amtsbezirke Blankenfelde, teilweise nämlich Gemeinde- u. Gutsbezirke Blankenfelde und Dahlewitz, Deutsch-Wilmersdorf, Groß-Beeren, Groß-Lichterfelde, Mahlow, Mariendorf, Osdorf, Rudow mit Gemeinde- und Gutsbezirk Ziethen, Selchow, Steglitz, aus Spandauer Forst Gutsbezirk Dahlem, Tempelhof, Treptow, Zehlendorf, Teile von Groß-Schulzendorf, nämlich Gemeinde- und Gutsbezirk Jühnsdorf, Teile von Stahnsdorf, nämlich Gemeinde- und Gutsbezirk Ruhlsdorf, Friedenau, aus dem Amtsbezirk Britz: Buckow, Schmargendorf.

VI. Mit den Gerichten in Verbindung stehende Amtsstellen.

A) **Gemeinschaftliche Briefannahme** a) für Civilsachen: α) des Land- und Amtsgerichts I: C 2 Neue Friedrichstraße 16/17; β) des Land- und Amtsgerichts II: SW 46 Hallesches Ufer 29—31; b) für Strafsachen sämtlicher Amts- und Landgerichte: NW 52 Alt-Moabit 11/12.

B) **Anmeldestube** a) des Amtsgerichts I: C 2 Neue Friedrichstraße 16/17; b) des Amtsgerichts II: SW 46 Hallesches Ufer 26.

C) **Vorläufige Verwahrung** a) in Civilsachen α) des Amtsgerichts I: C 2 Neue Friedrichstraße 16/17; β) des Amtsgerichts II: SW 46 Hallesches Ufer 29—31; b) in Strafsachen: NW 52 Alt-Moabit 11.

D) **Hinterlegungsstelle:** Ministerial-, Militär- und Bau-Kommission: NW 40 Invalidenstraße 52.

E) **Verteilungsstelle für Gerichtsvollzieher-Aufträge** a) des Amtsgerichts I: Jüdenstraße 58/60; b) des Amtsgerichts II: SW 46 Hallesches Ufer 29—31.

VII. Das Amtsgericht Charlottenburg.

Sitz der Civilabteilungen: Amtsgerichtsplatz; der Kriminalabteilungen: Kantstraße 79.

Zuständigkeit: A) Stadtkreis Charlottenburg mit Westend, Fürstenbrunn, Ruhwald, Martinikenfelde, Bohneshof, Nonnenwiesen, Pfefferluch, den Häusern am Spandauer Schiffahrtskanal, der Krummen Lanke. B) Aus dem Kreise Teltow 1. der Amtsbezirk Spandauer Forst, insbesondere umfassend den Gutsbezirk Spandauer Forst, die Saumästerei Carlsberg, die Wasserwerke am Teufelssee, Försterei Eichkamp, Bahnhof Grunewald, Pumpstation u. Versuchsstation für Handfeuerwaffen Halensee; Försterei Hundekehle, Jagdschloß Grunewald, Restaurant Paulsborn, Försterei Wannsee, Oberförsterei Grunewald, Spandauer Bock, Restauration und Försterei Pichelsberg. 2. Amtsbezirk Grunewald mit Gemeinde Grunewald. 3. Amtsbezirk Ruhleben.

VIII. Das Amtsgericht Rixdorf.

Sitz: Berlinerstraße 64—69.

Zuständigkeit: Stadtkreis Rixdorf und Amtsbezirk Britz mit Ausnahme von Buckow.

Anm. Durch pr. G. v. 16. IX. 1899 (GesSamml. 391) ist eine Neueinteilung der Gerichtsorganisation für Berlin und Umgebung in Aussicht genommen. Das Inkrafttreten dieses Gesetzes soll durch Königl. V. ausgesprochen werden.

B. Gewerbegerichte. Innungsschiedsgerichte.

I. Gewerbegerichte

Vgl. GewGerGes. 29. VII. 1890 (RGBl. 141)/29. IX. 1901 (RGBl. 353).

a) **zu Berlin.**
Sitz: SW 12 Zimmerstraße 90/91.
Das GG. zerfällt in folgende 8 Kammern: Schneiderei und Näherei. Textil-, Leder- und Putzindustrie. Baugewerbe. Holz- und Schnitzstoffe. Metalle. Nahrungsmittel, Beherbergung und Erquickung. Handels- und Verkehrsgewerbe. Allgemeines.

b) **zu Charlottenburg.**
Sitz: Kirchstraße 10.

c) **zu Rixdorf.**
Sitz: Berlinerstraße 41.

d) **zu Schöneberg.**
Sitz: Kaiser Wilhelmplatz 2, Rathaus, Zimmer 6.

e) **zu Reinickendorf.**
Sitz: Rathaus, Hauptstraße 38.

f) **zu Tegel.**
Sitz:

g) **zu Lichtenberg** b. Berlin.
Sitz: Dorfstraße 6, Rathaus, Zimmer 24.

h) **zu Deutsch-Wilmersdorf.**
Sitz:

Anm.: Nach § 2 GewGerGes. ist die Errichtung von Gewerbegerichten zu erwarten in Steglitz, Groß-Lichterfelde, Neu-Weißensee, Pankow.

II. Innungsschiedsgerichte

nur in Berlin für
a) vereinigte Innungen C 2 Neue Friedrichstraße 35.
b) Bäcker-Innung „Concordia".
c) Buchdruckerei-Besitzer.

Zuständigkeit: § 81 a Nr. 4, 91 ff. GewO. § 84 GewGerGes.

C. Militärgerichte.

Vgl. Militärstrafgerichtsordnung 1. XII. 1898 (RGBl. 1198); Kaiserl. V. 18. VII. 1900 (RGBl. 831); 25. VI. 1900 (RGBl. 304); 15. VII. und 1. XI. 1900 (RGBl. 779, 1004).

I. Das Reichsmilitärgericht.

Sitz: SW 12 Markgrafenstraße 64/65.

Zuständigkeit: §§ 71, 32 II, 33 III, 34 III—IV, 35—36, 149 IV, 204, 247 IV, 328 IV, 385 II, 407 I, 443 I, III, 447, 461 III, 463 IV, 470 II, 471 II MStrGO. § 32 Kaiserl. V. 18. VII. 1900 (RGBl. 832).

Die Militäranwaltschaft beim Reichsmilitärgericht ist SW 12 Markgrafenstraße 64/65 untergebracht.

II. Das Oberkriegsgericht für das Gardekorps.

Sitz: NW 5 Lehrterstraße 58.

Zuständigkeit: §§ 65, 32—35, 97 III MStrGO.

III. Das Oberkriegsgericht für das III. Armeekorps.

Sitz: SW 29 Prinz August v. Württembergstraße, Militär-Arrestanstalt.

Zuständigkeit: §§ 65, 32—35, 97 III MStrGO.

IV. Das Oberkriegsgericht beim Gouvernement Berlin.

Sitz: NW 5 Lehrterstraße 58.

Zuständigkeit: § 30 MStrGO. §§ 65, 32—35, 97 III MStrGO.

Die Stand- und Kriegsgerichte haben keinen gesetzlich festbestimmten Sitz. Ihr Zusammentritt erfolgt auf Befehl des Gerichtsherrn.

D. Die Verwaltungsgerichte des Reiches.

I. Das Reichsversicherungsamt.

Vgl. § 11 G. betr. Abänderung des UnfVersG. 5. VII. 1900 (RGBl. 578), V. 19. X. 1900 (RGBl. 983), § 108 fg. InVersG. 13. VII. 1899 (RGBl. 502).

Sitz: SW 10 Königin Augustastraße 25—27.

Zuständigkeit: nach dem GewUnfVersG. 30. VI. 1900 (RGBl. 585): §§ 2, 12, 31, 34, 35, 49, 42, 44, 46, 49, 51 53, 54, 58, 59, 61, 63, 73, 78, 80—85, 94, 95, 102, 105—107, 110—116, 119, 120, 122—128, 144; nach dem G. über die UnfVers. für Land- und Forstwirtschaft 30. VI. 1900 (RGBl. 641): 1, 34, 37, 40, 46, 48, 50, 52, 56, 61, 63, 64, 67, 69, 70, 79, 84, 86—91, 96, 100, 101, 111, 114 118—124, 126, 127, 129—134, 154; nach dem Bau-UnfVersG. 30. VI. 1900 (RGBl. 698): 13, 15, 19, 22—29, 32, 33, 38, 41—43; nach dem See-UnfVersG. 30. VI. 1900 (RGBl. 716): 14, 36, 39 42, 44, 47, 48, 51—55, 57, 60, 63, 64, 67, 82—86, 94, 98, 101, 108, 112, 113, 116, 117, 119, 121—129, 162, 163; nach dem JVersG. 13. VII. 1899 (RGBl. 463): §§ 4, 23, 72, 91, 108, 113, 126, 129, 130, 161, 178; nach der V. 22. XI. 1900 (RGBl. 1017): §§ 6, 18, 28, 33, 35.

II. Das Schiedsgericht für Arbeiterversicherung.

Vgl. § 3 fg. G. betr. Abänderung des UnfVersG. 5. VII. 1900 (RGBl. 574); § 103 fg. JVersG. 13. VII. 1899 (RGBl. 500); V. 22. XI. 1900 (RGBl. 1017).

Sitz: W 35 Lützowstraße 111/112 I.

Zuständigkeit: Stadtkreis Berlin, Regierungsbezirk Potsdam, Eisenbahndirektionsbezirk Berlin.

III. Das Bundesamt für das Heimatwesen.

Vgl. § 42 G. über den Unterstützungswohnsitz 6. VI. 1870 und 12. III. 1894 (RGBl. 271), GeschO. des Bundesamtes für HW. 6. I. 1873 (CBl. 4).

Sitz: W 9 Voßstraße 4 (Reichsjustizamt).

Zuständigkeit: §§ 37, 41—52 G. über den Unterstützungswohnsitz (RGBl. 262) §§ 49, 57, 58, 59 PrAG. dazu; letzte Instanz im eigenen Gebiet für Preußen, Hessen, Sachsen-Weimar, Koburg-Gotha, Altenburg, Oldenburg, Braunschweig, Anhalt, Reuß j. L., Waldeck, beide Schwarzburg, Lippe, Lübeck, Bremen.

Disziplinarbehörde für seine eigenen Mitglieder.

IV. Das Kaiserliche Patentamt.

Vgl. § 13 fg. Patentgesetz 7. IV. 1891 (RGBl. 79), V. 11. VII. 1891 (RGBl. 349); 30. VI. 1894 (RGBl. 495); 5. VI. 1897 (RGBl. 473); 6. V. 1899 (RGBl. 283); 2. V. 1900 (RGBl. 232); 25. X. 1899 (RGBl. 661).

Sitz: NW 6 Luisenstraße 32—34 und 57.

Zuständigkeit: § 12 fg. Patentgesetz; § 2 fg. G. betr. Schutz von Gebrauchsmustern 1. VI. 1891 (RGBl. 290); § 2 fg. G. zum Schutz der Warenbezeichnung 12. V. 1894 (RGBl. 441); vgl. auch §§ 22, 26 Kaiserl. V. 7 IV. 1900 (RGBl. 213).

Bei dem Patentamt ist das Ehrengericht und der Ehrengerichtshof für Patentanwälte gebildet. § 10 fg.; § 12 fg. G. betr. die Patentanwälte 21. V. 1900 (RGBl. 235).

V. Das Kaiserliche Aufsichtsamt für Privatversicherung.

Vgl. §§ 70—83 G. über die privaten Versicherungsunternehmen 12. V. 1901 (RGBl. 160), V. 23. XII. 1901 (RGBl. 498).

Sitz: Charlottenburg, Grolmanstraße 42—43.

Zuständigkeit: §§ 70—83, 85—91, 93, 96, 97, 118, 119 G. über das private Versicherungsunternehmen 12. V. 1901 (RGBl. 160).

VI. Das Ober-Seeamt.

Vgl. § 29 fg. G. 27. VII. 1877 (RGBl. 549), ergänzt durch G. 11. VI. 1878 (RGBl. 109), GeschO. für das Ober-Seeamt 3. V. 1878 (CBl. 276); Nachtrag 10. V. 1889 (CBl. 371).

Sitz: Bureau W 64 Wilhelmstraße 74 (Reichsamt des Innern).

Sitzungssaal: W 9 Voßstraße 4 (Reichsjustizamt).

Zuständigkeit: § 27 G. 27. VII 1877 (RGBl. 554), G. 11. VI. 1878 (RGBl. 109).

VII. Die Reichs-Rayonkommission.

Vgl. Rayon-G. 21. VII. 1871 (RGBl. 457).

Sitz: W 66 Leipzigerstraße 5 (Kriegsministerium).

Zuständigkeit: §§ 13—33 Reichs-Rayon-G. 21. XII. 1871 (RGBl. 459).

VIII. **Das Reichs-Eisenbahnamt.**

Vgl. RG. 27. VI. 1873 (RGBl. 164), GeschO. 13. III. 1876 (CBl. 197).

Sitz: W 9 Linkstraße 44.

Zuständigkeit: § 5[4] RG. 27. VI. 1873 (RGBl. 165).

E. Die Verwaltungsgerichte Preußens.

I. **Das Oberverwaltungsgericht.**

Vgl. §§ 17 fg. G. 3. VII. 1875 (GesSamml. 378) / 2. VIII. 1880 (GesSamml. 331); Reg. 22. II. 1892 (MBl. f. d. i. V 133), Nachtrag dazu 15. V. 1893 (MBl. f. d. i. V. 123); G. 26. III. 1893 (GesSamml. 60).

Sitz: SW 12 Markgrafenstraße 47.

Zuständigkeit: G. 7. VI. 1876 § 6 (GesSamml. 151); G. 14. VIII. 1876 § 11 (GesSamml 375); G. 25. VIII. 1876 § 23 (GesSamml. 410); G. 6. IV. 1878 Art. 35 (GesSamml. 145); V. 19. VIII. 1878 Art. II (GesSamml. 287); G. 29. I. 1879 (GesSamml. 10); G. 1. IV. 1879 § 98 (GesSamml. 317); Provinzial-Ordn. f. 6 östliche Provinzen 22. III. 1881 §§ 3, 24, 48, 98 Nr. 5, 118, 121, 128 (GesSamml. 234); Landesverwaltungsges. 30. VII. 1883 §§ 7, 14, 32, 39, 54, 57, 58, 59, 60, 80—126, 130, 135 (GesSamml. 196); Zuständigkeitsges. 1. VIII. 1883 (GesSamml. 237); Art. 24 G. 6. VIII. 1883 (GesSamml. 300); Provinzial-Ordn. f Hannover 7. V. 1884 §§ 3, 24, 48, 98 Nr. 5, 118, 121 (GesSamml. 243); Kreis-Ordn. f. Hannover 6. V. 1884 § 108 (GesSamml. 215); G. 6. V. 1885 § 5 (GesSamml. 136); Kreis-Ordn. f. Hessen-Nassau 7. VI. 1885 § 109 (GesSamml. 228); Provinzial-Ordn. f. Hessen-Nassau 8. VI. 1885 §§ 2, 21, 46, 49, 71, 91, 94, 101 (GesSamml. 247); G. 19. III. 1886 Art. 21 (GesSamml. 84); Kreis-Ordn. f. Westfalen 31. VII. 1886 § 96 (GesSamml. 247); Provinzial-Ordn. f. Westfalen 1. VIII. 1886 §§ 2, 3, 24, 48, 98, 112, 121 (GesSamml. 256); Kreis-Ordn. f. Rheinprovinz 30. V. 1887 § 96 (GesSamml. 242); Provinzial-Ordn. f. Rheinprovinz 1. VI. 1887 §§ 3, 24, 48, 98, 112, 121 (GesSamml. 252); Kreis-Ordn. f. Schleswig-Holstein 26. V. 1888 § 144 (GesSamml. 183);

Provinzial-Ordn. f. Schleswig-Holstein 27. V. 1888 §§ 14, 20, 21, 26, 51, 61, 89, 114–121 (GesSamml. 198); Städte-Ordn. f. Reg.-Bez. Wiesbaden 8 VI. 1891 §§ 58, 80, 82 (GesSamml. 128); Einkommensteuergef. 24. VI. 1891 (Ges.-Samml. 192) §§ 44–49; Gewerbesteuergef. 24. VI. 1891 (GesSamml. 215) §§ 37, 38; Landgemeinde-Ordn. f. östliche Provinzen 3. VII. 1891 (GesSamml. 276) § 143; Landgemeinde-Ordn. f. Schleswig-Holstein § 143 (GesSamml. 197); Kleinbahngef. 28. VII. 1892 (GesSamml. 231) §§ 25, 49; Ergänzungssteuergef. 14. VII. 1893 § 36 (GesSamml. 145); Kommunalabgabengef. 14. VII. 1893 § 78 (GesSamml. S. 178); Städte-Ordn. f. Hessen-Nassau 4. VIII. 1897 §§ 63, 89, 91 (GesSamml. 274); Landgemeinde-Ordn. f. Hessen-Nassau 4. VIII. 1897 (GesSamml. 340) § 115; V. 28. XI. 1898 Art. 1 (GesSamml. 337); G. 28. IX. 1899 Art. 26 (Ges.-Samml. 463); Hohenzollernsche Gemeinde-Ordn. 2. VII. 1900 §§ 105, 107 (GesSamml. 225); G. 17. VI. 1900 § 3 (Ges.-Samml. 251); Hohenzollernsche Amts- und Landesordn. 9. X. 1900 §§ 47, 53, 77, 83, 85 (GesSamml. 339); V. 1. X. 1900 Art. III (GesSamml. 360); V. 30. VI. 1901 (Ges.-Samml. 141).

Beim Ober-Verwaltungsgericht wird ein Disziplinarsenat gebildet (G. 8. V. 1889 GesSamml. 107) zur Entscheidung in den auf Entfernung aus dem Amte gerichteten förmlichen Disziplinaruntersuchungen, in welchen die Gesetze zu denselben das Plenum des Ober-Verwaltungsgerichts oder das Ober-Verwaltungsgericht berufen. Kommunalbeamte: §§ 14, 32, 39 Landesverwaltungsgesetz 30. VII. 1883 (GesSamml. 198); §§ 20, 36 Zuständigkeitsgef. 1. VIII. 1883 (GesSamml. 242); § 68 Kreis-Ordn. für 6 östliche Provinzen 19. III. 1881 (GesSamml. 202), §§ 51, 98 Provinzial-Ordn. f. 6 östl. Provinzen 22. III. 1881 (GesSamml. 244); §§ 47, 77 Hohenzollernsche Amts- und Landesordn. 2. VII. 1900 (GesSamml. 237).

II. Der Bezirksausschuß.

Vgl. § 43 Landesverwaltungsgef. 30. VII. 1883 (GesSamml. 195) § 20 fg. daf.; § 4 G. 13. VI. 1900 (GesSamml. 248).

Sitz: NW 40 Invalidenstraße 52.

Zuständigkeit: insbesondere § 161 Zuständigkeitsges. 1. VIII. 1883 (GesSamml. 237). In Polizeisachen für die Stadtkreise Berlin, Charlottenburg, Schöneberg und Rixdorf G. 13. VI. 1900 (GesSamml. 247).

Disziplinarbehörde: § 39 Landesverwaltungsgesetz 30. VII. 1883 (GesSamml. 204); § 20³ Zuständigkeitsges. 1. VIII. 1883 (GesSamml. 243); § 98 Provinzial-Ordn. f. 6 östliche Provinzen 22. III. 1881 (GesSamml. 250).

III. **Der Stadtausschuß Berlin.**

Vgl. §§ 4, 37 Landesverwaltungsges. 30. VII. 1883 (Ges.-Samml. 195).

Sitz: C 2 Köllnisches Rathaus Breitestraße 20a und Molkenmarkt 1.

Zuständigkeit: insbesondere §§ 67—68, 69—71, 75—77, 78, 80, 94, 100, 101—102, 109, 114, 151 Zuständigkeitsges. 1.VIII.1883 (GesSamml. 237); § 170 Kreis-Ordn. 13.XII.1872 19. XII. 1881 (GesSamml. 225/1881); V. 31. XII. 1883 § 1 (GesSamml. 1884 S. 7).

IV. **Der Stadtausschuß Charlottenburg.**

Sitz: Kirchstraße 10 Ecke Grünstraße.

Zuständigkeit: s. vorhin.

V. **Der Stadtausschuß Rixdorf.**

Sitz: Berlinerstraße 61/62.

Zuständigkeit: s. vorhin.

VI. **Der Stadtausschuß Schöneberg.**

Sitz: Kaiser Wilhelm-Platz 3.

Zuständigkeit: s. vorhin.

VII. **Der Kreisausschuß des Kreises Teltow.**

Sitz: W 10 Victoriastraße 18.

Zuständigkeit als Disziplinarbehörde § 36⁴ ZustG. 1. VIII. 1883 (GesSamml. 250).

VIII. **Der Kreisausschuß des Kreises Niederbarnim.**

Sitz: NW 40 Friedrich Karl-Ufer 5.

Zuständigkeit als Disziplinarbehörde: § 36⁴ ZustG. 1. VIII. 1883 (GesSamml. 250).

IX. Das Oberlandeskulturgericht.

Vgl. V. 22. XI. 1844 §§ 7—13 (GesSamml. 1845 S. 20); G. betr. Verf. in Auseinandersetzungsangelegenheiten 18. II. 1880 und 10. X. 1899 (GesSamml. 1899 S. 403).

Sitz: C 19 Unterwasserstraße 5.

Zuständigkeit: §§ 2, 101 G. betr. Auseinandersetzungsangelegenheiten 18. II. 1880/10. X. 1899 (GesSamml. 1899 S. 403); §§ 47 fg. Privatflußges. 28. II. 1843 (GesSamml. 41), V. 9. I. 1845 (GesSamml. 35); 28. X. 1846 (GesSamml. 485), G. 3. III. 1850 (GesSamml. 145); G. 11. III. 1850, § 3 (GesSamml. 147); Staatsvertr. zwischen Preußen und Anhalt-Bernburg 11. IX. 1850 Art. 1 (GesSamml 413); Staatsvertrag zwischen Preußen und Schwarzburg-Sondershausen und Rudolstadt 9. X. 1854/10. XII. 1855 Art. 1 (GesSamml. 1855 S. 571); G. 27. VI. 1860 (GesSamml. 384); Staatsvertrag zwischen Preußen und Sachsen-Meiningen 18. VI. 1868 Art. 1 (GesSamml. 873); G. 17. III. 1868 (GesSamml. 261); § 57 G. 3. I. 1873 (GesSamml. 17); §§ 49, 54 Enteignungsges. 11. VI. 1874 (GesSamml. 234); § 4 G. 1. II. 1879 (GesSamml. 15); § 42 Kreisordn. 19. III. 1881 (GesSamml. 193); § 6 G. 14. III. 1881 (GesSamml. 263); § 78 Zuständigkeitsges. 1. VIII. 1883 (GesSamml. 266); G. 12. IV. 1885 (GesSamml. 115); G. 22. IV. 1886 (GesSamml. 139); § 5 Ansiedelungsgesetz 26. IV. 1886 (GesSamml. 132); § 24 G. 21. III. 1887 (GesSamml. 66); § 10 G. 2. IV. 1887 (GesSamml. 108); § 79 G. 12. IV. 1888 (GesSamml. 69); G. 25. III. 1889 (GesSamml. 65); §§ 3, 4 Rentengutsges. 27. VI. 1890 (GesSamml. 210); § 98 LandgemOrdn. für 7 östliche Provinzen 3. VII. 1891 (GesSamml. 264); § 121 G. betr. Beförderung der Rentengutsgesetzgebung 7. VII. 1891 (GesSamml. 284); Staatsvertrag zwischen Preußen und Schaumburg-Lippe 20. X. 1872/27. IV. 1874 Art. 1 (GesSamml. 1874 S. 245); Staatsvertrag zwischen Preußen und Anhalt 18. IX. 1874 (GesSamml. 359).

Das Oberlandeskulturgericht ist Disziplinargericht für seine Mitglieder mit Ausnahme des Präsidenten und für alle Mitglieder der Generalkommissionen, §§ 65—69 Disziplinarges. 7. 5. 1851 (GesSamml. 232); §§ 1, 8, 14 Ges. 9. IV. 1879 (GesSamml. 345).

X. **Die Generalkommissionen für die Provinzen Brandenburg, Pommern und den Stadtkreis Berlin.**

Vgl. V. 20. VI. 1817 (GesSamml. 161); G. 7. VI. 1821 (GesSamml. 83); V. 30. VI. 1834 (GesSamml. 96); V. 22. XI. 1844 (GesSamml. 1845 S. 19; Zuständigkeitsges. 1. VIII. 1883 § 95 [2].

Sitz: Frankfurt a./O., Bahnhofstraße 2.

XI. **Der Gerichtshof zur Entscheidung der Kompetenzkonflikte.**

Vgl. G. 8. IV. 1847 (GesSamml. 170); GVG. § 17; EG. dazu § 17 (RGBl. 44, 79); V. 1. VIII. 1879 (GesSamml. 573).

Sitz: W Wilhelmstraße 63 (Staatsministerium).

Zuständigkeit: V. 1. VIII. 1879 (GesSamml. 573); G. 22. V. 1902 (GesSamml. 145).

F. Disziplinargerichte.

I. **Der Rechnungshof des Deutschen Reichs.**

Vgl. G. 4. VII. 1868 (RGBl. 433); 11. II. 1875 (RGBl. 61).

Sitz: Potsdam.

Zuständigkeit: Disziplinargericht für seine eigenen Mitglieder.

II. **Das Bundesamt für das Heimatwesen.**

S. D. III. Seite 13 oben.

III. **Die Kaiserliche Disziplinarkammer für den Regierungsbezirk Potsdam.**

Vgl. Reichsbeamtenges. 31. III. 1873 §§ 86—90, 92—93, 110—116 (RGBl. 77); Kaiserl. V. 11. VII. 1873 (RGBl. 293); GeschO. 18. IV. 1880 (CBl. 203).

Sitz: Potsdam.

Zuständigkeit: für den Reg.-Bez. Potsdam und die Reichsbeamten, deren Wohnsitz sich im Auslande befindet.

IV. **Die Kaiserliche Disziplinarkammer für den Regierungsbezirk Frankfurt a./O.**

Vgl. wie bei III.

Sitz: Frankfurt a./O.

V. Die Disziplinarkammer für die Schutzgebiete.

Vgl. V. 9. VIII. 1896 Art. 9 (RGBl. 693); GeschO. 3. III. 1897 §§ 1—20 (CBl. 72).

Sitz: SW 68 Lindenstraße 14 (Kammergerichtsgebäude).

VI. Der Disziplinarhof für die Schutzgebiete.

Vgl. V. 9. VIII. 1896 Art. 9 (RGBl. 693); GeschO. 3. III. 1897 § 120 (CBl. 75).

Sitz: SW 68 Lindenstraße 14 (Kammergerichtsgebäude).

VII. Die Militär-Disziplinarkommission für das Gardecorps.

Vgl. §§ 121 fg. Reichsbeamtengeſ. 31. III. 1873 (RGBl. 83).

VIII. Die Militär-Disziplinarkommission für das III. Armeecorps.

Vgl. §§ 121 fg. Reichsbeamtengeſ. 31. III. 1873 (RGBl. 83).

IX. Das Staatsministerium.

Sitz: W 8 Wilhelmstraße 63.

Zuständigkeit: §§ 15, 26, 41—46, 90 Disziplinargesetz 21. VIII. 1852 (GesSamml. 468). Disziplinarbehörde für Waldeck-Pyrmont. V. 18. I. 1869, Art. 5 (GesSamml. 210).

X. Der Disziplinarhof für nicht richterliche Beamte.

Vgl. §§ 29 fg. Disziplinarges. 21. VII. 1852 (GesSamml. 471) § 13, G. 9. IV. 1879 (GesSamml. 347); V. 13. IX. 1869 (GesSamml. 1613); G. 9. IV. 1879 § 27 (GesSamml. 350).

Sitz: SW 68 Lindenstraße 14 (Kammergerichtsgebäude).

Zuständigkeit: §§ 23 fg., 29 fg., 45 fg. Disziplinarges. 21. VII. 1852 (GesSamml. 470).

XI. Das Provinzial-Schulkollegium.

Vgl. §§ 24, 31 fg. Disziplinarges. 21. VII. 1852 (GesSamml. 471).

Sitz: W 9 Linkstraße 42.

Zuständigkeit: §§ 19, 24 Disziplinarges. 21. VII. 1852 (GesSamml. 469).

XII. **Die Direktion für die Verwaltung der direkten Steuern.**

Sitz: C 2 Hinter dem Gießhause 1.

Zuständigkeit: § 45 Zuständigkeitsges. 1. VIII. 1883 (GesSamml. 206); §§ 24, 31 fg. Disziplinarges. 21. VII. 1852. (GesSamml. 471).

XIII. **Das Polizei-Präsidium.**

Sitz: Am Alexanderplatz.

Zuständigkeit: §§ 24, 31 fg. Disziplinarges. 21. VII. 1852. (GesSamml. 471); Ministerial-Beschl. 23. VIII. 1853 (MBl. f. d. i. V. 227).

XIV. **Die Eisenbahn-Direktion.**

Vgl. G. 17. VI. 1880 (GesSamml. 271).

Sitz: W 35 Schöneberger Ufer 1--4.

Zuständigkeit: §§ 24, 31 fg. Disziplinarges. 21. VII. 1852 (GesSamml. 471).

XV. **Der große Disziplinarsenat des Kammergerichts.**

S. A I Seite 7 oben.

XVI. **Das Oberlandeskulturgericht.**

S. E. IX. Seite 18 oben.

XVII. **Der Disziplinarhof beim Reichsmilitärgericht.**

Sitz: SW 12 Markgrafenstraße 64/65.

Zuständigkeit: §§ 11 fg. G. über Dienstvergehen der richterlichen Militärjustizbeamten 1. XII. 1898 (RGBl. 1297).

XVIII. **Die Disziplinarkammer für den Bereich des Gardekorps, des III., IV. und VI. Armeecorps.**

Sitz: NW 5 Lehrterstraße 58.

Zuständigkeit: §§ 8 fg. G. über Dienstvergehen der richterlichen Militärjustizbeamten 1. XII. 1898; pr. AV. 28. XII. 1898 z. MStrGO. III (AVBl. 1900 Nr. 1 fg.).

XIX. Das Ehrengericht für Rechtsanwälte.

Vgl. § 67 Rechtsanwaltsordnung 1. VIII. 1878 (RGBl. 190).

Sitz: W 8 Kronenstraße 76.

Zuständigkeit: §§ 41—61 Rechtsanwaltsordn. 1. VII. 1878 (RGBl. 185).

XX. Der Ehrengerichtshof für Patentanwälte.

S. D. IV Seite 14 oben.

XXI. Das Ehrengericht für Patentanwälte.

S. D. IV Seite 14 oben.

XXII. Das Ehrengericht für den Bezirk der Ärztekammer der Provinz Brandenburg und des Stadtkreises Berlin.

Vgl. G. 25. XI. 1899 (GesSamml. 565); § 1 V. 25. V. 1887 (GesSamml. 169).

Sitz: C 25 An der Stadtbahn 37.

XXIII. Der ärztliche Ehrengerichtshof.

Vgl. G. 25. XI. 1899 (GesSamml. 565); § 1 V. 25. V. 1887 (GesSamml. 169) nebst Ausführungsbest. 21. XII. 1899.

Sitz: W Unter den Linden 4 (Kultusministerium).

Zuständigkeit: §§ 39 fg. G. 25. XI. 1899 (GesSamml. 574).

XXIV. Das Börsen-Ehrengericht.

Vgl. § 9 Börsenges. 22. VI. 1896 (RGBl. 160).

Sitz: C 2 Burgstraße 23—26 (Börsengebäude).

Zuständigkeit: §§ 9 fg. Börsengesetzes 22. VI. 1896 (RGBl. 160).

XXV. Die Berufungskammer in Börsen-Ehrengerichtssachen.

Vgl. § 17 Börsenges. 22. VI. 1896 (RGBl. 161).

Sitz: W 64 Wilhelmstraße 74 (Reichsamt des Innern).

Zuständigkeit: §§ 17 fg. Börsengesetzes 22. VI. 1896 (RGBl. 161).

2. Abschnitt.

Die juristischen Lehr- und Bildungsanstalten.

A. Die Königl. Friedrich Wilhelms-Universität.

Sitz: C 2 Platz am Opernhaus.

Statut der juristischen Fakultät vom 29. I. 1838, neuredigiert am 31. V. 1901. Das Spruchkollegium der Fakultät (von Bedeutung wegen § 18 EG. z. GVG. und als gutachtende Behörde) hat kein besonderes Statut.

Dekan: Prof. Kipp, Sprechstunde 11—12; Zimmer Nr. 14, östliches Erdgeschoß.

I. Studienplan.

Im Gegensatz zu andern hat die Berliner Juristen-Fakultät einen bestimmten Studiengang nicht vorgeschrieben. Sie erteilt den Studierenden nur den Rat, „mit den einleitenden Vorlesungen: Einführung in die Rechtswissenschaft und Rechtsphilosophie zu beginnen, sodann ihre Aufmerksamkeit der römischen Rechtsgeschichte, dem System des römischen Privatrechts, der deutschen Rechtsgeschichte und den Grundzügen des deutschen Privatrechts zuzuwenden und erst hiernach die Vorlesungen über deutsches bürgerliches Recht, Handels-, Wechsel- und Seerecht zu hören. Nach wie vor seien zu hören: Strafrecht, Staatsrecht, Verwaltungsrecht, Kirchenrecht, Völkerrecht, Civilprozeß und Konkursrecht, Strafprozeß, Gerichtliche Medizin."

Als besonders übersichtlich teilen wir im folgenden den Studienplan für Göttingen mit:

I. Semester:	II. Semester:
Einführung i. d. Rechtswissenschaft.	Deutsche Rechtsgeschichte u. Grundzüge des deutschen Privatrechts.
Römische Rechtsgeschichte.	Deutsches bürgerliches Recht, 1. Teil.
System des römischen Privatrechts.	Übung im deutschen Recht.
Römischer Civilprozeß.	
Übung im römischen Recht.	

III. Semester:

Deutsches bürgerliches Recht, 2. Teil.
Rechtsentwicklung in Preußen.
Übung im bürgerlichen Recht (für Anfänger).
Nationalökonomie, 1. Teil.

IV. Semester:

Handels-, Wechsel- und Seerecht.
Strafrecht.
Deutsches und preußisches Staatsrecht.
Nationalökonomie, 2. Teil.
Finanzwissenschaft.

V. Semester:

Civilprozeß.
Deutsches und preußisches Verwaltungsrecht.
Kirchenrecht.
Gerichtliche Medizin.
Übung im bürgerlichen Recht (für Vorgerückte).
Übung im Strafrecht.

VI. Semester:

Strafprozeß.
Völkerrecht.
Übung im Civilprozeß.
Handelsrechtliche Übung.
Staatsrechtliche oder staatswissenschaftliche Übung.

II. Seminare.

Die Fakultät rät: „Während der ganzen Studienzeit werden den Herren Studierenden geeignete exegetische und praktische Übungen sowie Übungen im juristischen Seminar zur Anregung der Selbsttätigkeit und zur Vertiefung der gewonnenen Kenntnisse ernstlich empfohlen.“

An Seminaren kommen in Betracht:

a) Das juristische Seminar.

Sitz: Universitätsgebäude, Zimmer Nr. 55, Westflügel II. Stockwerk, Eingang Mittelportal.

Abteilungen: α) für römisches Recht — Leiter: Prof. Kipp, W Meineckestraße 20 part., 12—1; β) für kanonisches Recht — Leiter: Prof. Hübler, W Landgrafenstraße 3 I, 3—4; γ) für Strafrecht — Leiter: Prof. Kohler, W Kurfürstendamm 216 III, Montag und Donnerstag 4—5.

Reglement: das provisorische Reglement vom 22. IV. 1875 ist noch in Geltung.

Zweck: Anleitung zu eigenem wissenschaftlichen Arbeiten durch exegetische, historische und dogmatische Übungen.

Honorar: frei.

Ankündigung der Übungen: Vorlesungsverzeichnis.

Mitgliedschaft: Mitglieder nur immatrikulierte Studenten der Rechte. Vorherige Meldung bei dem Lehrer des Seminars, unter dessen Leitung Eintretender zunächst an den Übungen teil zu nehmen gedenkt. Der betreffende Lehrer entscheidet über die Aufnahme nötigenfalls nach vorgängiger Prüfung über die erforderlichen Vorkenntnisse. Dauer der Mitgliedschaft: immer nur ein Semester.

Belegung der Seminarübungen: Auf der Quästur. Indes nur auf Grund einer Aufnahmebescheinigung des Seminarlehrers.

Pflichten: pro Semester wenigstens eine wissenschaftliche Arbeit; Ausschluß wegen Unfleiß und Untauglichkeit.

b) Das Seminar für deutsches Recht.

Sitz: Universitätsgebäude, Zimmer Nr. 55, Westflügel II. Stockwerk, Eingang Mittelportal.

Leiter: Prof. Gierke, Charlottenburg, Carmerstraße 12. Prof. Zeumer, W Courbièrestraße 17 III.

Reglement: vom 14. VII. 1887.

Im übrigen s. unter a.

c) Das Kriminalistische Seminar.

Sitz: Charlottenburg, Kantstraße 30.

Leiter: Prof. v. Liszt, Charlottenburg, Hardenbergstraße 19 II.

d) Das staatswissenschaftlich-statistische Seminar.

Sitz: NW 7 Dorotheenstraße 95/96 II, 9—9 geöffnet.

Leiter: Prof. Wagner, NW Lessingstraße 51 I. Prof. Schmoller, W Wormserstraße 13 I, Montag und Donnerstag 11—1.

Zweck: die Mitglieder durch Übungen und durch Darbietung wissenschaftlicher Hilfsmittel in den Fächern der Staatswissenschaft und Statistik auszubilden.

Honorar: frei; indes Eintrittsgeld.

Ankündigung der Übungen: Vorlesungsverzeichnis.

Mitgliedschaft: jeder Student oder zum Besuche der Vorlesungen Zugelassene, der sich zu den Übungen bei einem der Direktoren gemeldet hat und von ihm aufgenommen ist.

Er erhält von dem betreffenden Direktor Legitimationskarte gegen Zahlung von 5 *M*. Unbemittelten kann die Zahlung erlassen werden.

Belegung der Seminarübungen: Auf der Quästur, nach Annahmebescheinigung des Seminardirektors.

III. Studienpreise.

a) **Der Königliche Preis:** eine goldene Denkmünze (25 Dukaten wert) und Accessit, infolgedessen eine öffentliche ehrenvolle Erwähnung des Namens des Verfassers stattfindet.

Reglement: vom 16. IX. 1824.

Preisaufgabe: alljährlich am 3. VIII. gestellt.

Bewerber: immatrikulierte Studenten.

Bedingungen: Abhandlung, lateinisch oder deutsch, muß vor dem 4. Mai des auf das Jahr der Bekanntmachung folgenden Jahres versiegelt unter Adresse der juristischen Fakultät bei dem Sekretär der Universität abgegeben werden. Der Abhandlung ist ein versiegelter Zettel beizulegen, der inwendig den Namen des Verfassers enthält, außen aber mit einem Motto versehen ist, was ebenfalls unter dem Titel der Abhandlung selbst steht.

Entscheidung: Der Sekretär befördert die eingegangenen Schriften an den Dekan. Hierauf schriftliche Begutachtung durch den Dekan, resp. den Steller der Aufgabe. Circulation des Gutachtens. Preisfeststellung in Fakultätssitzung, die nicht später als am 20. Juli stattfinden darf.

Verkündung der Entscheidung: am 3. August alljährlich öffentliche Austeilung des Preises: Nach Verkündung wird der Preis dem Dekan eingehändigt, welcher auf Verlangen des Siegers den Namen desselben auf die Denkmünze eingraben läßt.

Die gekrönte Preisschrift wird dem Verfasser zu völlig freiem Eigentume zugestellt; Fakultät steht Abschriftnahme frei.

Zurückgabe der nicht gekrönten Abhandlungen an die sich dazu Legitimierenden.

b) **Der Preis der Stadt Berlin:** 75 Thaler in bar; wenn sich außer der gekrönten Schrift noch eine solche vorfindet, welche die Aufgabe in besonders anzuerkennender Weise gelöst hat, ehrenvolle Erwähnung.

Stiftungsurkunde: vom 12. X. 1860.

Preisaufgabe: alljährlich am 3. VIII. gestellt.

Bewerber: immatrikulierte Studenten, welche zur Zeit des für die Einreichung der Preisschrift festgesetzten Schlußtermins das 8. Semester noch nicht überschritten haben.

Entscheidung: s. a.

Verkündung der Entscheidung: s. a.

Austeilung des Preises: Mitteilung der Preiserteilung durch Dekan und Rektor an den Magistrat; Kenntnisgabe durch den Magistrat an die Stadtverordnetenversammlung; Auszahlung auf Anweisung des Magistrats durch die Stadthauptkasse.

Fakultät und Magistrat steht Abschriftnahme frei.

Zurückgabe nicht gekrönter Abhandlungen s. a.

IV. Doktorpromotion.

Leistungen: Einreichung einer genügenden selbstverfaßten Dissertation; schriftliche Interpretation je eines Textes aus dem römischen, deutschen und kanonischen Rechte; jedoch dispensiert die Fakultät je nach dem Ergebnisse der Dissertation von der Interpretation eines oder mehrerer Texte; Bestehen einer mündlichen Prüfung; öffentliche Disputation über die gedruckte Dissertation und die ihr angehängten Thesen.

Bei der Meldung sind einzureichen: 1. Zeugnis der Reife für den Besuch der Universität, 2. für den Nachweis des trienniums die Universitäts-Abgangszeugnisse (falls Kandidat nicht hier immatrikuliert, muß er sich zur Promotion immatrikulieren lassen; dies geschieht kostenlos, wenn er früher die hiesige Universität besucht hat. In dem Alter der Studierenden nicht befindliche oder nicht immatrikulationsfähige Kandidaten, insbesondere Staatsbeamte, Referendare, Offiziere, sind hiervon befreit), 3. eine juristische Dissertation in lateinischer oder deutscher Sprache, 4. kurze Darstellung des Lebenslaufes mit Angabe der Religion und des Studienganges, lateinisch oder deutsch, 5. Gesuch an die Fakultät um Zulassung zur Promotion.

Ist die eingereichte Dissertation genügend befunden worden, so bestimmt die Fakultät die schriftlich zu interpretierenden Textstellen, für welche der Kandidat sich der deutschen Sprache zu bedienen hat, sofern nicht die Fakultät den Gebrauch der lateinischen Sprache anordnen sollte. Dem Kandidaten ist es anheimgestellt, sich sofort nach Überreichung der Dissertation die Texte bestimmen zu lassen und die Interpretationen auf seine Gefahr hin vor abgeschlossener Prüfung der Dissertation auszuarbeiten.

Nach Genehmigung der Dissertation und der Textarbeiten wird das mündliche Examen angesetzt, welches ausschließlich in deutscher Sprache abgenommen wird.

Die von der Fakultät gebilligte Dissertation mit dem curriculum vitae und das Diplom muß der Kandidat auf seine Kosten drucken lassen und in 200 Exemplaren vor der Promotion an die Universität einreichen.

Die öffentliche Disputation findet in deutscher Sprache statt. Die Gebühren betragen, mit Einschluß der der Universitäts-Bibliothek zukommenden Summe von 15 ℳ, zusammen 355 ℳ Reichswährung, von welchen 170 ℳ bei der Meldung, 185 ℳ vor dem Promotionsakte zu entrichten sind. Falls das mündliche Examen nicht bestanden wird, fällt die letztere Zahlung weg. Wer in diesem Falle vor Ablauf von zwei Jahren sich abermals zur Prüfung stellt, hat, falls er diesmal besteht, nur die letztere Zahlung zu leisten.

Doktorenwürde ehrenhalber: bei Einstimmigkeit der Fakultät als freiwillige Anerkennung ausgezeichneter Verdienste.

V. Habilitation.

Voraussetzungen: 3 Jahre nach Vollendung des akademischen Trienniums; juristischer Doktorgrad einer preußischen Universität (außerpreußischer Doktor mit ministeriellem Dispens), für den Regelfall Ableistung der zweiten juristischen Staatsprüfung.

Leistungen: Abhandlung aus jedem Hauptfache, über welches Habilitand zu lesen gedenkt; Probevortrag vor der Fakultät nebst Kolloquium; öffentliche Vorlesung.

VI. Stiftungen.

Hierüber s. in Abschnitt III B. III S. 39—41.

B. Die juristischen Bibliotheken.

Die Kataloge aller mit einem * bezeichneten stehen im Lesesaal der Kgl. Bibliothek aus.

Außerdem besteht ein Sammelkatalog der in Berliner Bibliotheken vorhandenen neueren Literatur des ausländischen Rechts und der ausländischen Volkswirtschaftslehre, aufgestellt in der Bibliothek der Internationalen Vereinigung für vergleichende Rechtswissenschaft, s. unten Nr. X. (Dr. Maaß.)

I. *Die B. des Abgeordnetenhauses.

Sitz: SW 12 Prinz Albrechtstraße 5 (Abgeordnetenhaus).

Benutzer: Abgeordnete, Ministerialbeamte, Referendare der Justiz und Verwaltung, Studenten.

Lesesaal geöffnet: während der Session 9 Uhr vorm. bis 11 Uhr abends, in der übrigen Zeit 9—3 Uhr. — Präsensbibliothek: Außerhalb der Session werden Bücher an Referendare rc. ausnahmsweise von einem Tag bis zum andern ausgeliehen.

II. Die B. der Ältesten der Kaufmannschaft.

Sitz: Börsengebäude, Eingang C 2 St. Wolfgangstraße.

Benutzer: Jedermann nach Legitimation bei einem Korporationsmitgliede.

Lesesaal geöffnet: werktäglich 9 Uhr vorm. bis 3 Uhr nachm., 6—10 Uhr nachm., Sonntags 10—12 Uhr vorm. — Präsensbibliothek.

III. *Die B. der Königlichen Akademie der Wissenschaften.

Sitz: NW Unter den Linden 38.

Benutzer: Jedermann.

Lesesaal geöffnet: werktäglich 9 Uhr vorm. bis 2 Uhr nachm., desgl. auch von 4 Uhr nachm. ab während der Dauer der Sitzungen der Akademie. — Präsensbibliothek.

IV. **Die B. des Amtsgerichts I.**

Sitz: C 2 Jüdenstraße 58/60, Part. linker Hand, Portal III.

Benutzer: Mitglieder, Beamte des Gerichts, Referendare, Rechtsanwälte.

Lesesaal geöffnet: 8—4 Uhr werktäglich. — Verleihbibliothek.

V. ***Die B. des Kultusministeriums.**

Sitz: Unter den Linden Nr. 4.

Benutzer: Ministerialbeamte.

VI. ***Die B. des Finanzministeriums.**

Sitz: Finanzministerium, Kastanienwäldchen.

Benutzer: Ministerialbeamte.

VII. ***Die B. des Ministeriums für Handel und Gewerbe.**

Sitz: W 66 Leipzigerstraße 2.

Benutzer: Ministerialbeamte.

VIII. **Die B. des Herrenhauses.**

Sitz: SW. 19 Leipzigerstraße 75 (altes Abgeordnetenhaus).

Benutzer: Mitglieder des Hauses, Ministerialbeamte, Referendare der Verwaltung und der Justiz (letztere nur dann, wenn von Hausmitglied empfohlen).

Lesesaal geöffnet: während der Session 9 Uhr vorm. bis 3 Uhr nachm., 6—8 Uhr nachm., außerhalb der Session 10—12 Uhr vorm. — Präsensbibliothek: Ausleihe nur an Mitglieder des Hauses und von diesen empfohlene Personen auf die Höchstdauer von 6 Wochen.

IX. **Die B. des Königlichen Hauses Hohenzollern.**

Sitz: Im Königlichen Schloß.

Benutzer: Jedermann.

Lesesaal geöffnet: werktäglich 10 Uhr vorm. bis 1 Uhr nachm. — Präsensbibliothek.

X. Die B. der internationalen Vereinigung für vergleichende Rechtswissenschaft.

Sitz: in Räumen der B. der Ältesten der Kaufmannschaft, Börsengebäude Eingang C 2 St. Wolfgangstraße.

Benutzer: Mitglieder der Vereinigung, auf Empfehlung andere Personen.

Lesesaal geöffnet: 9 Uhr vorm. bis 3 Uhr nachm. werktäglich. — Präsensbibliothek.

In dieser Bibliothek wird der Sammelkatalog der in Berliner Bibliotheken vorhandenen neueren Literatur des ausländischen Rechts zc. verwaltet und fortgeführt. (Dr. Maaß, Nettelbeckstraße 7 III.)

XI. *Die B. der Juristischen Gesellschaft.

Sitz: in den Räumen der B. des Landgerichts I.

Benutzer: Mitglieder der Gesellschaft, des Landgerichts, der Staatsanwaltschaft, Rechtsanwälte, Referendare des Landgerichts I, sonstige Gerichtsbeamte, Fremde mit Genehmigung des Landgerichtspräsidenten.

Lesesaal geöffnet: 10 Uhr vorm. bis 2 Uhr nachm. werktäglich. — Verleihbibliothek: Frist 10 Tage.

XII. *Die B. des Justizministeriums.

Sitz: W Wilhelmstraße 65 Gartenhaus, man folgt dem Wegweiser „Justizprüfungskommission".

Benutzer: Beamte des Ministeriums, Richter, Rechtsanwälte, Referendare, Studenten.

Lesesaal geöffnet: werktäglich ½ 10 Uhr vorm. bis ½ 3 Uhr nachm. — Präsensbibliothek: Ausleihe nur an Beamte des Ministeriums.

XIII. *Die B. des Kammergerichts.

Sitz: SW 68 Lindenstraße 14 (Hof, Quergebäude rechts I).

Benutzer: Mitglieder des Gerichts, der Oberstaatsanwaltschaft, Examinatoren der juristischen Prüfungskommissionen, Rechtsanwälte und Referendare des Kammergerichts, Kandidaten der großen Staatsprüfung, sonst besondere Erlaubnis des Kammergerichtspräsidenten.

Lesesaal geöffnet: 9 Uhr vorm. bis 2 Uhr nachm., während der Ferien 9—12 Uhr vorm. — Präsenzbibliothek: Nur drei Bücher auf einmal werden ausgegeben; während der Ferien muß die Bestellung am Tage vorher erfolgt sein; Ausleihe nur an Mitglieder des Gerichts, der Ober-Staatsanwaltschaft und an Examinatoren.

XIV. *Die Königliche Bibliothek.

Sitz und Lesesaal: Platz am Opernhaus; Zeitschriftensaal: W 64 Behrenstraße 64.

Benutzer: Jedermann gegen Karte, wofür in der Regel (namentlich bei Studenten, Referendaren) Kautionsschein eines Beamten, einer in Berlin begüterten Persönlichkeit rc. verlangt wird.

Lesesaal geöffnet: 9 Uhr vorm. bis 9 Uhr abends, Karte; Zeitschriftensaal: 9 Uhr vorm. bis 9 Uhr abends, Karte; geschlossen: Sonnabend vor Ostern und Pfingsten, am 24. Dezember, während der Pfingst- und der letzten vollen Septemberwoche. — Verleihbibliothek: Frist 4 Wochen, Ausleihe werktäglich 9 Uhr vorm. bis 3 Uhr nachm.

XV. Die B. des Kriminalistischen Seminars.

Sitz: Charlottenburg, Schlüterstraße 60/61, Stadtbahnhof Savignyplatz.

Benutzer: Mitglieder des Seminars; sonstige Studierende gegen Einlaßkarten, die Dienstags, Donnerstags und Sonnabends 5—7 Uhr beim Bibliothekar des Seminars erhältlich sind. — Präsenzbibliothek.

XVI. *Die B. des Landgerichts I.

Sitz: Grunerstraße (neuer Justizpalast).

Benutzer: Mitglieder des Landgerichts, der Staatsanwaltschaft, Rechtsanwälte, Referendare des Landgerichts I, sonstige Gerichtsbeamte, Fremde mit Genehmigung des Landgerichtspräsidenten.

Lesesaal geöffnet: 10 Uhr vorm. bis 2 Uhr nachm. werktäglich. — Verleihbibliothek: Frist 10 Tage.

XVII. Die B. des Landgerichts II.

Sitz: SW 46 Hallesches Ufer 29/31 II. Etage.

Benutzer: Mitglieder des Landgerichts, der Staatsanwaltschaft, Rechtsanwälte, Referendare des Landgerichts II, sonstige Gerichtsbeamte, Fremde mit Genehmigung des Landgerichtspräsidenten.

Lesesaal geöffnet: werktäglich 10 Uhr vorm. bis 2 Uhr nachm. — Verleihbibliothek.

XVIII. *Die B. des Magistrats zu Berlin mit der Friedländerschen Sammlung (zur Geschichte der Bewegung von 1848).

Sitz: Rathaus, Königstraße 15/18 I. Etage.

Benutzer: Jedermann.

Lesesaal geöffnet: werktäglich 9 Uhr vorm. bis 3 Uhr nachm. — Verleihbibliothek: an städtische besoldete und unbesoldete Beamte unbedingt; an andere Personen mit Erlaubnis des Magistrats.

XIX. Die B. des Oberlandeskulturgerichts.

Sitz: C 19 Unterwasserstraße 5.

Benutzer: Mitglieder des Gerichtshofes.

XX. Die B. des Oberverwaltungsgerichts.

Sitz: SW 12 Markgrafenstraße 47.

Benutzer: Mitglieder des Gerichts, Rechtsanwälte, Referendare, Studenten nach vorheriger Erlaubnis (Vorstellung beim Bureauvorsteher).

Lesesaal geöffnet: werktäglich 9 Uhr vorm. bis 3 Uhr nachm. — Ausleihbibliothek nur für Mitglieder des Gerichts.

XXI. Die B. des Patentamtes.

Sitz: NW 6 Luisenstraße 32/34.

Benutzer: Beamte des Amtes, Patentanwälte, Rechtsanwälte, Referendare, Studenten nach vorgängiger Erlaubnis.

Lesesaal geöffnet: werktäglich 9 Uhr vorm. bis 3 Uhr nachm. — Verleihbibliothek nur für Mitglieder des Amtes, Patentanwälte.

XXII. **Die B. der Rechtsanwälte am Landgericht I.**

Sitz: Grunerstraße (Justizpalast) I. Etage, Saal der Rechtsanwälte.

Benutzer: Rechtsanwälte.

Lesesaal geöffnet: werktäglich 1/2 10 Uhr vorm. bis ca. 3 Uhr nachm. — Verleihbibliothek: ausgenommen Entscheidungensammlungen, Gesetzblätter 2c.

XXIII. ***Die B. des Reichsamtes des Innern.**

Sitz: W Wilhelmstraße 74.

Benutzer: Mitglieder des Bundesrates und Beamte des Reichsamtes.

Verleihbibliothek: Frist 2 Monate.

XXIV. ***Die B. des Reichsbankdirektoriums.**

Sitz: W 56 Jägerstraße 34/36.

Benutzer: Reichsbankbeamte, Fremde nur mit besonderer Genehmigung des Direktoriums. — Verleihbibliothek: Frist 4 Wochen, im Mai keine Bücherausgabe.

XXV. **Die B. des Reichsjustizamtes.**

Sitz: W Voßstraße 4.

Benutzer: Mitglieder des Bundesrates, Beamte des Reichsamtes — Referendare, Studenten ausgeschlossen. — Verleihbibliothek.

XXVI. **Die B. des Reichsmilitärgerichts.**

Sitz: SW 12 Markgrafenstraße 64/65.

Benutzer: Mitglieder des Gerichtshofes, der Reichsanwaltschaft, Beamte und Behörden innerhalb Berlins; Beamte und Behörden außerhalb Berlins nur mit besonderer Erlaubnis des Präsidenten. Einsicht an Ort und Stelle auch Fremden nach Meldung beim Bibliothekar gestattet.

Lesesaal geöffnet: werktäglich 9 Uhr vorm. bis 3 Uhr nachm. — Verleihbibliothek: Frist 4 Wochen.

XXVII. *Die B. des Reichstages.

Sitz: Reichstagsgebäude Königsplatz 1/3.

Benutzer: Mitglieder des Bundesrates, des Reichstages, Richter, Rechtsanwälte, Referendare, Studenten.

Lesesaal geöffnet: werktäglich während der Session 9 Uhr vorm. bis 8 Uhr nachm., außerhalb der Session 9 Uhr vorm. bis 3 Uhr nachm. — Verleihbibliothek indes nur an Mitglieder des Bundesrates und des Hauses.

XXVIII. *Die B. des Reichspostamtes.

Sitz: W 68 Leipzigerstraße 14/18.

Benutzer: Beamte des Reichspostamtes, Post- und Telegraphenbeamte im Bezirke der Oberpostdirektion Berlins, ausnahmsweise Beamte der Post und Telegraphie außerhalb Berlins.

Verleihbibliothek: nur 3 Werke oder 6 Bände, Frist 4 Monate, Bücheraustausch werktäglich 9 Uhr vorm. bis 2 Uhr nachm.

XXIX. *Die B. des Statistischen Amtes der Stadt Berlin.

Sitz: C 2 Poststraße 16.

Benutzer: Städtische Beamte, Fremde mit Erlaubnis.

Lesesaal geöffnet: werktäglich 9 Uhr vorm. bis 3 Uhr nachm. — Präsensbibliothek.

XXX. *Die B. des Königlichen Statistischen Bureaus.

Sitz: SW 68 Lindenstraße 28.

Benutzer: Beamte des Bureaus und des damit verbundenen statistischen Seminars; andere mit Erlaubnis des Bureaudirektors.

Lesesaal: werktäglich 9 Uhr vorm. bis 3 Uhr nachm., geschlossen im August. — Präsensbibliothek: 3 Bücher auf einmal und nicht mehr als 6 während des Lesetages.

XXXI. Die B. des Vereins für Versicherungswissenschaft.

Sitz: W 50 Spichernstraße 22.

Benutzer: Mitglieder des Vereins.

Verleihbibliothek: auch nach auswärts auf Kosten der Besteller.

XXXII. ***Die Universitätsbibliothek.**

Sitz: NW 7 Dorotheenstraße 9/10.

Benutzer: Studenten, Docenten.

Lesesaal geöffnet: werktäglich auch während der Ferien 9 Uhr vorm. bis 7 Uhr abends; geschlossen an den Sonnabenden vor Ostern und Pfingsten, am 24. Dezember, in der letzten Woche vor den Osterferien und in der ersten vollen Woche des Septembers. — Verleihbibliothek: Ausleihe 9 Uhr vorm. bis 3 Uhr nachm. werktäglich; während der Ferien 11 Uhr vorm. bis 2 Uhr nachm.

XXXIII. **Öffentliche Bibliothek und Lesehalle.**

Sitz: SW Alexandrinenstraße 26.

Benutzung: kostenfrei nach Lösung einer Lesekarte.

Verleihbibliothek und Präsensbibliothek.

Lesesaal: täglich geöffnet von 5½ bis 9½ Uhr.

C. Referendarienseminar.

Am Kammergericht sind zur Förderung der Ausbildung der Referendarien besondere Übungen eingerichtet. Dieselben finden einmal wöchentlich (Termin wird besonders bekannt gegeben) im Sitzungssaal VI (Erdgeschoß rechts) statt und werden vom Kammergerichtsrat Überhorst geleitet. Die Teilnahme an den Übungen ist den am Kammergericht beschäftigten Referendaren durch Verfügung des Kammergerichtspräsidenten vom 28. V. 1898 „dringlich empfohlen". In der Verfügung ist ferner darauf hingewiesen, daß diejenigen Referendare, welche die ihnen gebotene Gelegenheit zu ihrer weiteren Ausbildung unbenutzt lassen, eine Hinausschiebung ihrer Präsentation zur großen Staatsprüfung zu gewärtigen haben, sobald sich ergeben sollte, daß sie in ihrer Ausbildung hinter solchen Referendaren zurückstehen, die an den Übungen sich beteiligt haben.

3. Abschnitt.

Juristische Vereine und Stiftungen.

A. Die juristischen Vereine.

I. Die juristische Gesellschaft.

Vorsitz: Exc. Dr. R. Koch, Präsident der Reichsbank. — Schriftführer: Justizrat Dr. Seligsohn, NW 7 Neustädtische Kirchstraße 11.

Vereinslokal: Grand Hotel de Rome, Unter den Linden. — Sitzungen: In den Monaten Oktober bis Juni je eine am 2. Sonnabend des Monats.

II. Deutscher Juristentag vertreten durch die Deputation.

Vorsitz: Geh. Justizrat, Professor Dr. Brunner, W Lutherstraße 36. — Schriftführer: Geh. Justizrat Dr. R. Wilke in Berlin.

Geschäftsstelle: J. Guttentag, Verlagsbuchhandlung, G. m. b. H.

III. Internationale kriminalistische Vereinigung.

Die Landesgruppe „Deutsches Reich" wird durch Herrn Dr. Meyer in München als Vorsitzendem und Professor Dr. Heimberger in Bonn als Schriftführer vertreten. In Berlin selbst hat dieselbe keinen Sitz. Regelmäßige Sitzungen werden nicht abgehalten; alljährlich findet eine Hauptversammlung statt; Zeitpunkt und Ort derselben wird jedesmal in der vorhergehenden Vorstandssitzung beschlossen.

Geschäftsstelle: J. Guttentag, Verlagsbuchhandlung, G. m. b. H.

IV. Internationale Vereinigung für vergleichende Rechtswissenschaft.

Vorsitz: Kammergerichtsrat Dr. F. Meyer, W 15 Meierottostraße 31. — Schriftführer: Reg.-Rat Prof. Dr. Fr. Zahn, W 62 Kalkreuthstraße 15.

Vereinslokal: Hotel Saxonia, W 9 Königgrätzerstraße 10. — Sitzungen: Jeden dritten Mittwoch oder Sonnabend im Monat.

V. Deutscher Verein für Versicherungswissenschaft, Abteilung für Versicherungsrecht und Versicherungswirtschaft.

Generalsekretär des Gesamtvereins: Dr. jur. et phil. A. Manes, W 50 Spichernstraße 22 I.

Vereinslokal: W 50 Spichernstraße 22 I. — Sitzungen: Plenarversammlungen des Gesamtvereins alljährlich mindestens zwei im preußischen Abgeordnetenhause; Versammlungen der Abteilung tunlichst im Anschlusse hieran, sonst auf Berufung des Vorsitzenden.

VI. Sozialwissenschaftlicher Verein.

Vorsitz: Dozent Dr. Stillich, Charlottenburg, Bismarckstraße 9. — Schriftführer: E. Seligmann, Halensee, Bornstedterstraße 9.

Vereinslokal: Schultheiß, Ecke Friedrich- u. Zimmerstraße 46. — Sitzungen: jeden 2. Freitag im Monat.

VII. Berliner Anwalts-Verein.

1. Vorsitzender: Justizrat Max Jacobsohn, W Linkstraße 1 I. — Schriftführer: Rechtsanwalt Kempf.

Vereinslokal: Architektenhaus, Wilhelmstraße 92/93, Saal G, Erdgeschoß. — Sitzungen: auf Berufung durch den Schriftführer.

VIII. Verein Berliner Schiedsmänner (E. V.).

Vorsitz: Emil Huff, SW 61 Johanniterstraße 11. — Schriftführer: A. Schmidt, N 28 Bernauerstraße 44.

Geschäftsstelle: N 28 Bernauerstraße 44. — Sitzungen: jeden zweiten Mittwoch im Februar, Mai und November im Brandenburger Haus, W 8 Mohrenstraße 47.

IX. Studentische Vereinigungen.

a) Akademisch-juristischer Verein;

b) Akademisch-rechtswissenschaftlicher Verein „Teutonia“.

c) Verein für Volkswirtschaftslehre.

B. Die juristischen Stiftungen.

Zu Gunsten amtierender Richter bestehen unseres Wissens keine Stiftungen.

I. Stiftungen zu Gunsten von Rechtsanwälten.

a) **Die Rechtsanwalt Bode-Stiftung:** Zinsen zu Unterstützungen für RA. die am KG., LG. I oder II zugelassen und für Notare, die in Berlin angestellt sind. Gesuche: an den Vorstand der Anwaltskammer zu Händen des Vorsitzenden Geh. Justizrat v. Simson, W 56 Jägerstraße 52 I.

b) **Die Laue-Stiftung:** Zinsen für Berliner RA., deren Wittwen und Waisen. Gesuche: an den Vorstand des Berliner Anwalts-Vereins zu Händen des Vorsitzenden Justizrat Max Jacobsohn.

c) **Die Wilmowski- und Levy-Stiftung:** Zinsen für Berliner Rechtsanwälte, deren Wittwen und Waisen. Gesuche: an den Vorstand des Berliner Anwalts-Vereins zu Händen des Vorsitzenden Justizrat Max Jacobsohn.

d) **Die Schöpke'sche Jubiläums-Stiftung:** s. III A. h. S. 40.

II. Stiftungen zu Gunsten von Referendaren.

a) **Justizrat Heidenfeld-Stiftung:** Kapital 30 000 ℳ, Zinsen zu gleichen Teilen an zwei Referendare im Bezirk des Kammergerichts im letzten Jahre des Vorbereitungsdienstes zum Assessorexamen. — Verleihung durch ein Kuratorium unter Vorsitz des Präsidenten des Landgerichts I.

b) **Woltermann-Stiftung:** Kapital über 20 000 ℳ, 600 ℳ für 1 Jahr an einen Referendar. — Verleihung durch den III. Civilsenat des Kammergerichts.

III. Stiftungen zu Gunsten Studierender.

A. Allgemeine Stiftungen für Studierende aller Fakultäten, die deshalb auch den Juristen zu Gute kommen:

a) **das Kurmärkische Stipendium:** Befreiung von Kollegiengeldern, 300 ℳ auf 3 Jahre für Landeskinder aus der Mark. — Gesuch: an den Kultusminister.

b) **die Bendemannsche Stiftung:** Zinsen von 2500 Thlrn., Zahlung im Januar und Juli. — Gesuch: an das Universitätssekretariat.

c) **die Reichertsche milde Stiftung**: 600 ℳ auf 1 Jahr an Inländer. — Gesuch: an das Universitätssekretariat.

d) **die Stiftung des städtischen Unterstützungsfonds für Studierende an der hiesigen Universität**: 90 ℳ für 1 Halbjahr; Berliner bevorzugt. — Gesuch: an den Magistrat.

e) **das Griechen-Stipendium**: Zinsen von 2279,27 Thlrn. auf 1 Jahr an einen studierenden Griechen in halbjährlichen Raten pränumerando. — Gesuch: an das Universitätssekretariat.

f) **das Mosersche Stipendium**: Zinsen von 1200 Thlrn. in halbjährlichen Raten. Verwandte des † Bankiers Moses Moser bevorzugt. — Gesuch: an das Universitätssekretariat.

g) **die Goldbecksche Stipendien-Stiftung**: höchstens 280 Thlr. auf 1 Jahr an einen evangelischen Studierenden. — Gesuch: an das Universitätssekretariat.

h) **die Schöpkesche Jubiläums-Stiftung**: mindestens 150 ℳ auf 1 Jahr für hilfsbedürftige Söhne verstorbener oder außer Dienst befindlicher Rechtsanwälte, Advokat-Anwälte, Advokaten und Notare des Deutschen Reichs, ohne Unterschied des Glaubens. — Gesuch: an das Universitätssekretariat.

i) **die Beuthsche Stipendien-Stiftung**: 1200 ℳ jährlich auf jedesmal 5 Jahre. Nachkommen des Generals v. Willisen, Geheimrats v. Maaßen, des Oberregierungsrats v. Schierstädt und des Medizinalrats Quincke bevorzugt. Bewerber muß mindestens ein Jahr in Berlin studieren. — Gesuch: an das Universitätssekretariat.

k) **das Reichenheim-Böckhsche Stipendium**: Zinsen von 2000 Thlrn., Zahlung in halbjährlichen Raten; Verleihung am 24. XI. alljährlich auf 1 Jahr an Studierende, die das 8. Semester noch nicht überschritten haben. — Gesuch: an das Universitätssekretariat.

l) **die Kuczynskische Stiftung**: höchstens 600 ℳ jährlich auf 1 Jahr in vierteljährlichen Vorausraten, nur an Deutsche. — Gesuch: an das Universitätssekretariat.

m) **die Dr. Paul Schultze-Stiftung**: 900 ℳ auf 1 Jahr in vierteljährlichen Vorausraten. Bewerber muß eine wissenschaftliche Arbeit liefern, deren Thema bis zum 15. XII. alljährlich am schwarzen Brette bekannt gegeben wird. — Gesuch: an das Universitätssekretariat.

n) **die Carl Twesten-Stiftung für deutsche Studierende:** Zinsen von 7200 ℳ auf ein oder mehrere Jahre. Bewerbungen bis 15. XI. alljährlich. Bevorzugt Siebenbürger Sachsen oder Deutsche aus russisch-baltischen Provinzen. — Gesuch: an das Universitätssekretariat.

B. Stiftungen, die speziell für Jura-Studierende ausgeworfen sind.

a) **die Adolf Arnstein-Stiftung:** Kapital 30 000 ℳ. Stipendium von jährlich 300—900 ℳ auf 1—4 Jahre. Bewerbungen bis 15. I. — Gesuch: an Rektor und Senat.

b) **das Busch-Stipendium:** Kapital 9200 ℳ; der nach Abzug einer Rente zahlbare Rest der jährlichen Zinsen abwechselnd an einen Juristen oder Mediziner. — Gesuch: an das Universitätssekretariat.

c) **die Degen-Stiftung:** ca. 250 ℳ jährlich. — Gesuch: an den III. Civilsenat des Kammergerichts.

d) **die Ludendorff-Stiftung:** ca. 500 ℳ jährlich auf Studienzeit. Gesuch: an den III. Civilsenat des Kammergerichts.

e) **die v. Mandt-Ackermann-Stiftung:** Kapital 72 000 ℳ. Von den Zinsen zwei Drittel zu gleichen Teilen für 3 Studierende der juristischen, philosophischen Fakultät und solche, die dem industriellen oder Gewerbefache angehören. Unbedingt vorzugsberechtigt sind Nachkommen der Verwandten und zweier Freunde des Stifters. Verleihung des Stipendiums an Juristen bis zu 3 Jahren. — Gesuch: an das Universitätssekretariat.

f) **die Dr. Otto Marckwald-Stipendien-Stiftung:** Kapital 50 000 ℳ. Stipendium zu 300 ℳ jährlich zur Hälfte an Christen, zur anderen Hälfte an Juden. Verleihung auf Vorschlag des juristischen Dekans. — Gesuch: an das Universitätssekretariat.

g) **die v. Schewe-Stiftung:** Kapital 12 000 ℳ. Zinsen für einen Jura Studierenden aus dem Reg.-Bez. Potsdam inkl. Berlin auf 1—2 Jahre. Bevorzugt Adelige. — Gesuch: an den Präsidenten des Kammergerichts.

4. Abschnitt.

Vorschriften über die erste juristische sowie über die große Staatsprüfung.

A. Bestimmungen über das Referendarexamen.

I. Allgemeine Verfügung vom 3. November 1890
(JMBl. S. 277 f.).

§ 1. Die erste juristische Prüfung erfolgt bei einem der Oberlandesgerichte in Königsberg, Berlin, Stettin, Breslau, Naumburg, Kiel, Celle, Kassel, Köln, Hamm.*)

Der Bezirk der bei diesen Oberlandesgerichten zu bildenden Prüfungskommissionen umfaßt den Bezirk des Oberlandesgerichts. Außerdem umfaßt:

der Bezirk der Prüfungskommission zu Königsberg den Oberlandesgerichtsbezirk Marienwerder,

der Bezirk der Prüfungskommission zu Breslau den Oberlandesgerichtsbezirk Posen,

der Bezirk der Prüfungskommission zu Kassel den Oberlandesgerichtsbezirk Frankfurt a. M.

Die Prüfung ist abzulegen entweder:

a) bei der Prüfungskommission, in deren Bezirk die Beschäftigung des Rechtskandidaten als Referendar in Aussicht genommen ist, oder nach Wahl des Rechtskandidaten,

b) bei derjenigen Prüfungskommission, in deren Bezirk die Universität belegen ist, an welcher der Rechtskandidat das letzte und mindestens noch ein früheres Semester seiner Studienzeit zugebracht hat.

Die Zulassung von Rechtskandidaten aus dem letzteren Gesichtspunkte erleidet jedoch eine Einschränkung, wenn eine Über-

---

*) Hamm ist zugefügt durch Allg. Verf. vom 25. VIII. 1902 (JMBl. 224).

lastung der Prüfungskommission oder eine Verzögerung ihres Geschäftsganges zu befürchten ist.

§ 3. Die einzelnen Prüfungen sind von vier Mitgliedern, einschließlich des Vorsitzenden, abzunehmen. Unter denselben sollen sich in der Regel zwei Universitätslehrer befinden.

§ 4. Das Gesuch um Zulassung zur ersten Prüfung ist an den Vorsitzenden der Kommission zu richten.

Dem Gesuch sind beizufügen:

1. das Zeugnis der Reife zur Universität,
2. das Zeugnis über die Militärverhältnisse,
3. die Universitätsabgangszeugnisse nebst den darin angeführten Zeugnissen über den Besuch von seminaristischen und sonstigen Übungsvorlesungen.

   Dazu: III. der Allg. Verf. vom 18. I. 1897 JMBl. S. 19 fg.

   „Dem Gesuche um Zulassung . . . sind Arbeiten beizufügen, welche in den . . . Übungen (betr. Civilprozeß und Deutsches bürgerliches Recht) vom Kandidaten angefertigt und vom Lehrer oder dessen Assistenten schriftlich censiert sind. Aus den Censuren muß sich ergeben, daß die Arbeiten mit dem Kandidaten besprochen sind. Auch ist ein Gesamtzeugnis einzureichen, welches dartut, daß der Kandidat mit Fleiß und Erfolg an der Übung teilgenommen hat."

4. ein in deutscher Sprache abgefaßter Lebenslauf, in welchem der Gang der Universitätsstudien darzulegen ist und die Disziplinen zu bezeichnen sind, denen etwa der Rechtskandidat vorzugsweise Fleiß und Interesse zugewandt hat, auch anzugeben ist, ob, während welcher Zeit und wo der Rechtskandidat seiner Militärpflicht genügt hat.

Außerdem können dem Gesuche noch beigefügt werden:

5. die in den Universitätsabgangszeugnissen aus irgendwelchen Gründen nicht angeführten Zeugnisse über seminaristische und sonstige Übungsvorlesungen.
6. die von dem Rechtskandidaten bei seminaristischen und sonstigen Übungsvorlesungen verfaßten schriftlichen Arbeiten, sofern dieselben mit einer Censur des Universitätslehrers versehen sind.

   S. Zusatz zu Nr. 3 oben.

Das Gesuch und der demselben beizufügende Lebenslauf sind von dem Rechtskandidaten eigenhändig zu schreiben.

§ 5. . . . .

Wird das Gesuch wegen Unzuständigkeit der Prüfungskommission oder weil der Vorsitzende den Fall des Schlußsatzes im § 1 als vorliegend erachtet, zurückgewiesen, so bleibt es dem Kandidaten überlassen, sich an eine andere zuständige Prüfungskommission zu wenden.

Weist der Vorsitzende . . . das Gesuch aus anderen Gründen zurück, so gilt die erfolgte Zurückweisung für sämtliche Prüfungskommissionen und ist auf den Zeugnissen zu vermerken.

Eine Zurückweisung mit letzterer Wirkung hat insbesondere zu erfolgen:

a) wenn der Rechtskandidat nicht während der ganzen vorgeschriebenen Studienzeit bei der juristischen Fakultät eingeschrieben war, vorbehaltlich jedoch der Entscheidung des Justizministers.

Vgl. dazu Erlaß des Unterrichtsministers vom 22. V. 1844, den Prüfungskommissionen durch Allg. Verf. des Justizministers vom 31. V. 1844 (JMBl. 129 fg.) zur Beachtung empfohlen: „. . . wird bestimmt, daß ein Studierender, der nach Ausweis seines Universitäts-Abgangszeugnisses im letzten Semester seines Aufenthalts auf der Universität konsiliert oder relegiert worden ist, noch nicht als ein solcher betrachtet werden kann, welcher rite sein akademisches Triennium absolviert hat, daß er daher auch nicht zu den ersten Prüfungen zugelassen werden kann, auch wenn er faktisch schon das Triennium absolviert hat und sämtliche Testate über die vorschriftsmäßig zu hörenden Vorlesungen erhalten haben sollte. Ein solcher Studierender muß vielmehr noch eine andere Universität besuchen und von dieser ein Zeugnis seines Wohlverhaltens beibringen, wenn nicht besondere Gründe zu einer Ausnahme vorliegen". . . . über welche an den Justizminister zu berichten ist.

b) wenn der Rechtskandidat nach den vorgelegten Zeugnissen sein Studium so wenig methodisch eingerichtet hat, daß dasselbe als ein ordnungsmäßiges Rechtsstudium nicht angesehen werden kann.

Vgl. dazu Allg. Verf. des Justizministers vom 18. I. 1887 (JMBl. 19 fg.): „II. Von den exegetischen, praktischen und sonstigen Übungen des Studierenden (vgl. Allg. Verf. vom 3. XI. 1890 § 4 Nr. 3, 5, 6) . . . muß a) in die erste Hälfte der Studienzeit mindestens eine Übung im deutschen bürgerlichen Rechte und eine civilprozessualische, das bürgerliche Recht mit umfassende Übung fallen. Als Übungen . . . gelten nur solche, welche mit schriftlichen Arbeiten verbunden sind." „IV. Inwieweit die Nichtbeachtung der Bestimmung unter II. die Annahme eines ordnungsmäßigen Rechtsstudiums ausschließt, hat der Vorsitzende der Prüfungskommission zu entscheiden."

Vgl. ferner Cirkular-Verf. des Justizministers vom 5. XI. 1897: „Wenn Ew. ꝛc. 1. in Fällen, in denen Kandidaten nicht in unmittelbarem Anschluß an das Universitätsstudium, sondern erst nach längerer Zeit, vielleicht erst nach Jahren zur Prüfung gemeldet haben, 2. in Fällen, in denen Kandidaten nach Lieferung der schriftlichen Arbeiten von der Prüfung zurückgetreten sind, aber später die Fortsetzung der Prüfung nachgesucht haben, mit Rücksicht auf die Lage des Einzelfalles, namentlich auf die Länge der mit Abschluß des Universitätsstudiums oder seit Einreichung der schriftlichen Arbeiten verflossenen Zeit, sich für Gewährung oder Ablehnung des gestellten Antrages entschieden haben, so billige ich dies Verfahren. . . . Ebenso billige ich es, wenn in Fällen, in denen ein Kandidat unter Vorlage von Krankheitsattesten mehrfach den Prüfungstermin versäumt hat, so daß infolgedessen das um lange Zeit zurückliegende Universitätsstudium nicht mehr als genügende Vorbereitung für die Prüfung gelten kann, den Kandidaten von der Prüfung ausgeschlossen oder aber seine erneute Zulassung von einem anderweitigen einjährigen Rechtsstudium abhängig gemacht haben."

§ 6. Der Vorsitzende der Prüfungskommission hat den zur Prüfung zugelassenen Rechtskandidaten eine Aufgabe zu einer wissenschaftlichen Arbeit zu erteilen. Der Rechtskandidat kann wählen, welcher Disziplin die Aufgabe angehören soll.

§ 7. Die Arbeit ist binnen einer sechswöchigen Frist in Reinschrift abzuliefern. Am Schlusse hat der Rechtskandidat zu versichern, daß er die Arbeit selbständig angefertigt und anderer als der von ihm angegebenen Schriften sich dabei nicht bedient habe.

Wird die Frist versäumt, so ist dem Rechtskandidaten auf seinen Antrag nach dem Ermessen des Vorsitzenden entweder alsbald oder nach Ablauf einer Frist, welche bis zu 6 Monaten erstreckt werden kann, eine andere Aufgabe zu erteilen. Bei wiederholter Fristversäumung gilt die Prüfung als nicht bestanden (§ 11).

§ 8. Nachdem die schriftliche Arbeit von denjenigen Mitgliedern der Kommission, vor welchen die mündliche Prüfung abgelegt werden soll, begutachtet worden ist, wird der Rechtskandidat zur mündlichen Prüfung vorgeladen.

Zu einem Prüfungstermine sollen nicht mehr als vier Rechtskandidaten geladen werden.

Unter den Disziplinen, welche nach § 4 Gesetz vom 6. V. 1869 den Gegenstand der Prüfung bilden, sind bei jedem Rechtskandidaten diejenigen, soweit tunlich, zu berücksichtigen, mit welchen derselbe sich nach seiner Angabe vorzugsweise beschäftigt hat, oder welchen die mit dem Gesuch vorgelegten schriftlichen Arbeiten angehören (§ 4 oben).

Die Prüfung ist insofern eine öffentliche, als zu derselben Studenten der Rechtswissenschaft und Rechtskandidaten als Zuhörer Zutritt haben, soweit es der Raum gestattet.

Ob der Vorsitzende sich an der mündlichen Befragung beteiligen will, bleibt seinem Ermessen überlassen. . . .

§ 9. Die Frage, ob die Prüfung überhaupt bestanden und im Bejahungsfalle, ob dieselbe „ausreichend“, „gut“ oder „mit Auszeichnung“ bestanden sei, wird durch Stimmenmehrheit, und zwar nach dem Gesamtergebnis der schriftlichen und mündlichen Prüfung entschieden.

Bei Stimmengleichheit gibt der Vorsitzende den Ausschlag.

Dazu Reskript des Justizministers vom 26. XI. 1897. „Das Prädikat „gut“ kann nicht erteilt werden, wenn einer der beiden Hauptteile der Prüfung für ungenügend erklärt ist.“

§ 10. Die Prüfungskommission hat nach beendigter Prüfung zu den Akten zu bemerken: die Aufgabe für die schriftliche Arbeit und das Ergebnis der Begutachtung der letzteren, die Gegenstände der mündlichen Prüfung und das Gesamtergebnis der Prüfung.

§ 11. (Absatz 1 und 2 ersetzt durch folgende Allg. Verf. vom 6. III. 1899 JMBl. 57.) Wer die Prüfung nicht bestanden hat, ist nach Ablauf eines auf 6 bis 12 Monate zu bestimmenden Zeitraumes auf seinen Antrag zu einmaliger Wiederholung der Prüfung zuzulassen, sofern er nachweist, daß er ein Semester dem fortgesetzten Rechtsstudium auf einer Universität gewidmet hat.

Durch einstimmigen Beschluß der Kommission kann

a) das weitere Rechtsstudium erlassen und

b) die Wiederholung der Prüfung auf den schriftlichen oder auf den mündlichen Teil beschränkt

oder auch nur eine der Vergünstigungen zu a und b bewilligt werden.

Versäumt der Kandidat ohne genügende Entschuldigung zweimal den Prüfungstermin, so gilt die Prüfung als nicht bestanden.

II. Allgemeine Verfügung vom 21. März 1891 (JMBl. 133).

§ 1. Die von jedem Kandidaten der ersten juristischen Prüfung zu erhebende Gebühr beträgt 50 M.

§ 2. Die für die einzelne Prüfung aufkommenden Gebühren sind unter die bei derselben beteiligten Examinatoren einschließlich des Vorsitzenden nach gleichen Anteilen zu verteilen.

II. Reskript des Justizministers vom 23. November 1897.

Die Zulassung von Nichtpreußen zu den juristischen Prüfungen in Preußen kann bei dem großen Andrange preußischer Staatsangehöriger zum preußischen Justizdienst zur Zeit nur ausnahmsweise aus besonderen Gründen stattfinden.

B. Bestimmungen über das Assessorexamen.

I. Auszug aus dem Regulativ betreffend die juristischen Prüfungen usw. vom 1. Mai 1883 (JMBl. 131 fg.).

§ 28. Das Gesuch um Zulassung zur großen Staatsprüfung ist an den Präsidenten des Oberlandesgerichts zu richten.

In dem Gesuch ist nachzuweisen, daß der Referendar seiner Militärpflicht genügt habe oder vom Militärdienste ganz oder teilweise befreit sei.

Dem Gesuch ist das Geschäftsverzeichnis beizufügen.

§ 29. Die Zeit, während welcher ein Referendar infolge von Krankheit oder von Einziehung zu militärischen Dienstleistungen dem Vorbereitungsdienst entzogen war, ist auf die vorgeschriebene Dauer des Vorbereitungsdienstes in Anrechnung zu bringen, wenn dieselbe während eines Jahres den Zeitraum von acht Wochen nicht übersteigt.

Dasselbe gilt, wenn der Referendar infolge von Beurlaubung oder aus anderen Gründen dem Vorbereitungsdienst während eines Jahres auf die Dauer von nicht mehr als vier Wochen entzogen war.

Durch das Zusammentreffen der Fälle des Abs. 1 u. 2 wird der Anspruch auf Anrechnung von mehr als acht Wochen nicht begründet.

§ 30. Wenn die Prüfung des Gesuchs um Zulassung zur großen Staatsprüfung ergibt, daß der Referendar den gesetzlichen und reglementarischen Vorschriften genügt hat, so ist über die Zulassung unter Angabe seiner Beschäftigung in den einzelnen Zweigen des Vorbereitungsdienstes von dem Präsidenten unter Beifügung einer gutachtlichen Äußerung darüber, ob der Referendar auf Grund der beigebrachten Zeugnisse und nach dem eigenen pflichtmäßigen Ermessen des Präsidenten zur Ablegung der Prüfung für vorbereitet zu erachten sei, sowie unter Übersendung der Dienstakten an den Justizminister zu berichten.

§ 31. Den Auftrag zur großen Staatsprüfung erteilt der Justizminister der Justiz-Prüfungskommission.

§ 32. Die schriftliche Prüfung hat eine rechtswissenschaftliche Arbeit und eine Relation aus Prozeßakten zum Gegenstande.

§ 33. Der Präsident der Prüfungskommission hat dem zur Prüfung zugelassenen Referendar die Aufgabe zur rechtswissenschaftlichen Arbeit zu erteilen und nach deren Ablieferung Prozeßakten zur Anfertigung einer schriftlichen Relation zuzufertigen.

Die wissenschaftliche Arbeit ist binnen einer sechswöchigen, die Relation binnen einer dreiwöchigen Frist in Reinschrift abzuliefern. Am Schlusse der Arbeiten hat der Referendar zu versichern, daß er dieselben ohne fremde Hilfe angefertigt und anderer als der von ihm angegebenen Schriften sich dabei nicht bedient habe.

Wird die Frist zur Anfertigung der wissenschaftlichen Arbeit versäumt, so ist dem Kandidaten auf seinen Antrag eine andere Aufgabe zu erteilen; wird die Frist zur Anfertigung der Relation versäumt, so sind ihm auf seinen Antrag andere Prozeßakten zur Anfertigung der Relation zuzufertigen. Bei wiederholter Fristversäumung gilt die Prüfung als nicht bestanden (§§ 39, 40).

§ 34. Die Relation muß eine vollständige und wohlgeordnete Darstellung des Sach- und Rechtsverhältnisses, ein begründetes Gutachten und einen Urteilsentwurf enthalten.

§ 35. Die Relation kann aus laufenden oder zurückgelegten Akten erstattet werden.

Dem Präsidenten der Prüfungskommission sind zu diesem Zwecke von den Vorständen der Gerichte zur Prüfung geeignete Prozeßakten auf sein Ersuchen mitzuteilen.

§ 36. Die Beurteilung der beiden schriftlichen Arbeiten liegt denjenigen Mitgliedern der Justiz-Prüfungskommission ob, vor welchen der Referendar die mündliche Prüfung ablegen soll.

§ 37. Die mündliche Prüfung erfolgt vor drei Mitgliedern der Justiz-Prüfungskommission, einschließlich des Präsidenten derselben.

Mit der Prüfung ist ein freier Vortrag aus Akten zu verbinden, welche dem Referendar drei Tage vor dem Termin zugestellt werden.

Die Prüfung ist nicht öffentlich.

§ 38. Zu einem Prüfungstermin sollen nicht mehr als sechs Referendare geladen werden.

§ 39. Die Frage, ob die Prüfung überhaupt bestanden, und im Bejahungsfalle, ob dieselbe „ausreichend" oder „gut" oder „mit Auszeichnung" bestanden sei, wird durch Stimmenmehrheit und zwar nach dem Gesamtergebnisse der schriftlichen und mündlichen Prüfung entschieden.

§ 40. Die Justiz-Prüfungskommission hat über die Erledigung der ihr erteilten Aufträge dem Justizminister zu berichten.

Referendare, welche die Prüfung nicht bestanden haben, werden auf eine nach dem Ermessen der Prüfungskommission zu bestimmende Zeit behufs besserer Vorbereitung zur Beschäftigung bei einem Gerichte zurückgewiesen.

§ 41. Es ist eine einmalige Wiederholung der großen Staatsprüfung gestattet. Mißlingt dieselbe, so hat sich die Prüfungskommission auf den Beschluß zu beschränken, daß die Prüfung nicht bestanden sei.

Die zu wiederholende Prüfung gilt als mißlungen, wenn die beiden zu wiederholenden schriftlichen Arbeiten nach dem einstimmigen Beschlusse der Kommission den zu stellenden Anforderungen nicht genügen.

§ 42. Für den Fall der zu wiederholenden Prüfung können durch einstimmigen Beschluß der Kommission von der Wiederholung diejenigen Teile (wissenschaftliche Arbeit, Proberelation, mündliche Prüfung) ausgeschlossen werden, in welchen der Referendar den zu stellenden Anforderungen genügt hat.

Ist nur die Proberelation und die mündliche Prüfung zu wiederholen, so gilt die zu wiederholende Prüfung als mißlungen, wenn die Proberelation nach dem einstimmigen Beschlusse der Kommission den zu stellenden Anforderungen nicht genügt.

§ 43. Der Kandidat, welcher die Versicherung der selbständigen Anfertigung einer schriftlichen Prüfungsarbeit (§§ 6, 33) nicht wahrheitsgemäß abgegeben hat, wird von dem Justizminister, je nach dem Grade der Verschuldung, auf Zeit oder für immer von der Prüfung ausgeschlossen.

II. Verfügung des Justizministers vom 14. Mai 1897, betr. Nachweis einer Erkrankung, welcher zur Entschuldigung von Fristversäumnissen dienen soll.

Nach den Berichten des Herrn Präsidenten der Justiz-Prüfungskommission mehren sich die Fälle, in welchen Kandidaten der großen Staatsprüfung zur Entschuldigung einer Terminsversäumung, namentlich aber zur Abwendung des im § 33 des Prüfungsregulativs für den Fall zweimaliger Fristversäumnis angedrohten Rechtsnachteils, sich auf Krankheitszeugnisse von Privatärzten berufen. Dabei ist wiederholt aufgefallen, daß die Kandidaten erst unmittelbar vor dem Ablaufe der Frist den Arzt zu Rate gezogen und ungeachtet der ihnen bescheinigten Krankheit um alsbaldige Zuteilung einer anderen Prüfungsarbeit gebeten haben.

Diese Wahrnehmungen haben mich veranlaßt, zu bestimmen, daß fortan in der großen Staatsprüfung der Nachweis einer Erkrankung, welcher zur Entschuldigung von Fristversäumnissen dienen soll, durch Beibringung eines Physikatszeugnisses zu führen ist.

III. Verfügung des Justizministers vom 14. Oktober 1886 (JMBl. 1887 S. 50), betr. Unstatthaftigkeit von Gesuchen um Hinausschiebung des Prüfungstermins.

Bei der großen Zahl der während der letzten Jahre zur zweiten juristischen Prüfung zugelassenen Referendare ist es unvermeidlich, daß der einzelne Kandidat nach Ablieferung seiner Proberelation regelmäßig einige Monate auf die Vorladung zur mündlichen Prüfung zu warten hat.

Gleichwohl gehen bei der Justiz-Prüfungskommission vielfache Gesuche um noch weitere Hinausschiebung des Termins zur mündlichen Prüfung ein, die zum Teil damit begründet werden, daß der Gesuchsteller, sei es während seines Vorbereitungsdienstes, sei es seit der Ablieferung seiner Proberelation, nicht genügende Zeit zur Vorbereitung für die mündliche Prüfung gefunden habe.

Derartige, auf den Geschäftsgang der Prüfungskommission störend einwirkende Gesuche stehen im Widerspruch mit der Vorschrift des § 9 G. vom 6. Mai 1869 und § 30 des Regulativs vom 1. Mai 1883, wonach die Zulassung zur großen Staatsprüfung von dem Nachweise abhängig ist, daß der Referendar „zur Ablegung der Prüfung für vorbereitet zu erachten sei".

Hiernach wird der Abschluß der Vorbereitung auch für die mündliche Prüfung bereits bei Einreichung des Gesuchs um Zulassung zur großen Staatsprüfung vorausgesetzt und es widerspricht der Absicht des Gesetzes, wenn zur mündlichen Prüfung ungenügend Vorbereitete um diese Zulassung mit der Absicht bitten, die ihnen fehlenden theoretischen Kenntnisse in der Zwischenzeit zwischen der Ablieferung ihrer Proberelation und dem mündlichen Prüfungstermin sich erst zu erwerben.

Die theoretische Ausbildung des Referendars soll der Natur der Sache nach während des vierjährigen Vorbereitungsdienstes mit der praktischen Hand in Hand gehen und müßte bei Beendigung des Vorbereitungsdienstes vollkommen abgeschlossen sein, jedenfalls aber muß zum vollkommenen Abschluß die Frist genügen, welche dem Referendar durch die Lage der Verhältnisse vor Anberaumung des mündlichen Prüfungstermins gewährt wird.

Sonach dürfen fortan seitens der Referendare Gesuche der eingangs bezeichneten Art bei der Justiz-Prüfungskommission nicht gestellt werden.

IV. Formular betreffend Zuteilung der wissenschaftlichen Arbeit.

Nachdem die Justiz-Prüfungskommission unterm .... beauftragt worden ist, sich Ihrer Prüfung zu unterziehen, erhalten Sie anliegend die Ihnen erteilte Aufgabe zur wissenschaftlichen Arbeit.

Sie haben dieselbe in deutlicher Schrift auf gebrochenem Bogen aktenmäßigen Formats, nicht über 25 Zeilen auf der Seite, geheftet und foliiert binnen einer sechswöchigen Frist vom Tage des Empfanges dieses Erlasses mittels Berichts einzusenden oder zwischen 9 Uhr morgens und 8 Uhr abends bei dem Botenmeister des Justizministeriums bezw. dessen Stellvertreter unter Beifügung eines Berichts einzureichen.

Im übrigen werden Sie auf die Vorschriften des § 33 Abs. 2 u. 3 des Prüfungsregulativs vom 1. Mai 1883 (JMBl. S. 131) verwiesen.

Bei der Bearbeitung der Ihnen erteilten Aufgabe haben Sie einerseits das Ziel ins Auge zu fassen, eine gründliche und erschöpfende Erörterung des Stoffes zu geben, auch eine ausreichende Kenntnis der über den Gegenstand vorhandenen Literatur darzulegen, andererseits sich gegenwärtig zu halten, daß, da nach der Absicht des Gesetzes vom 6. Mai 1869 die große Staatsprüfung einen „wesentlich praktischen" Charakter an sich tragen soll — § 10 —, auch die rechtswissenschaftliche Arbeit diesen praktischen Charakter nicht darf vermissen lassen. Deshalb haben Sie insbesondere jede Abschweifung in nebenliegende, nicht streng mit der gestellten Aufgabe in Verbindung stehende Gebiete zu vermeiden und darauf zu sehen, daß schon durch die Gedrängtheit des der Arbeit gegebenen äußeren Umfanges sie sich als eine wesentlich praktische Arbeit darstelle.

Bei jeder Eingabe an die Justiz-Prüfungskommission ist die Wohnung zu vermerken, auch beim Wohnungswechsel eine sofortige Anzeige davon zu machen.

Den Tag, an welchem dieser Erlaß nebst Anlage in Ihrer Behausung durch die Post abgegeben ist, haben Sie umgehend anzuzeigen. Spätestens an demjenigen Tage, welcher durch seine Benennung dem Empfangstage entspricht, ist die Arbeit bei Meidung ihrer Zurückweisung einzureichen. Die am Schlusse der Arbeit abzugebende Versicherung hat dem Wortlaute der Vorschrift in § 33 Abs. 2 des Prüfungsregulativs genau zu entsprechen. Durch das in dieser Vorschrift enthaltene Verbot, fremder Hilfe sich zu bedienen, erscheint auch eine Besprechung der Arbeit mit andern ausgeschlossen. Es sind mehrfach Fälle zur Kenntnis der Justiz-Prüfungskommission gekommen, in welchen die selbständige Anfertigung der eingelieferten Arbeit durch eine derartige Besprechung der Kandidaten beeinträchtigt worden ist. In diesen Fällen hat sich der Herr Justizminister auf Antrag der Justiz-Prüfungskommission veranlaßt gesehen gemäß § 43 des Prüfungsregulativs einzuschreiten.

Sämtliche für die Justiz-Prüfungskommission bestimmten Schriftstücke sind unter der Adresse: „An die Königliche Justiz-Prüfungskommission" einzureichen.

V. Formulare betreffend Zuteilung der praktischen Arbeit.

Anliegend erhalten Sie die aus 1 Bande bestehenden Akten in Sachen der ....
zur Anfertigung der schriftlichen Relation.

Sie haben die angefertigte Relation in deutlicher Schrift auf gebrochenem Bogen aktenmäßigen Formats, nicht über

25 Zeilen auf der Seite, geheftet und foliiert, unter Wiederbeifügung der Akten binnen einer dreiwöchigen Frist vom Tage des Empfanges dieses Erlasses mittels Berichts einzusenden oder zwischen 9 Uhr morgens und 8 Uhr abends bei dem Botenmeister des Justizministeriums bezw. dessen Stellvertreter unter Beifügung eines Berichts einzureichen.

Am Rande des Referats sind die Aktenfolien in Bezug zu nehmen. Im übrigen werden Sie auf die Vorschriften der §§ 33 und 34 des Prüfungsregulativs vom 1. Mai 1883 (Just.-Min.-Bl. S. 131 ff.) verwiesen.

Für den Fall, daß Sie die Reinschrift der Arbeit nicht selbst übernehmen wollen, darf solche, da eine Reinschrift in der Kanzlei der Kommission nicht stattfindet, nur von einem gerichtlichen Kanzleibeamten, an welchen jedoch eine Verabfolgung der Akten nicht statthaft ist, angefertigt werden.

Die mitgeteilten Akten sind amtlich zu verwahren.

Den Tag, an welchem dieser Erlaß nebst Akten in Ihrer Behausung durch die Post abgegeben ist, haben Sie umgehend anzuzeigen. Spätestens an demjenigen Tage, welcher durch seine Benennung dem Empfangstage entspricht, ist die Arbeit bei Meidung ihrer Zurückweisung einzureichen.

Sämtliche für die Justizprüfungskommission bestimmten Schriftstücke sind unter der Adresse

„An die Königliche Justizprüfungskommission"

einzureichen.

Die am Schlusse der Arbeit abzugebende Versicherung hat dem Wortlaute der Vorschrift in § 33 Abs. 2 des Prüfungsregulativs genau zu entsprechen. Durch das in dieser Vorschrift enthaltene Verbot, fremder Hülfe sich zu bedienen, erscheint auch eine Besprechung der Arbeit mit andern ausgeschlossen. Es sind mehrfach Fälle zur Kenntnis der Justizprüfungskommission gekommen, in welchen die selbständige Anfertigung der eingelieferten Arbeit durch eine derartige Besprechung der Kandidaten oder durch Benutzung einer Abschrift des in den zur Bearbeitung mitgeteilten Akten nicht enthaltenen Erkenntnisses beeinträchtigt worden ist. In diesen Fällen hat sich der Herr Justizminister auf Antrag der Justizprüfungskommission veranlaßt gesehen, gemäß § 43 des Prüfungsregulativs einzuschreiten.

Es wird darauf hingewiesen, daß nach Maßgabe des § 34 des Prüfungsregulativs (vgl. auch Just.-Minist.-Bl. von 1890 S. 66) Proberelationen unzulässig sind, in denen Gutachten und Urteilsgründe ihrem verschiedenen Zwecke zuwider sich nicht als zwei selbständige Teile der Arbeit darstellen, sondern der eine Teil eine Wiederholung des andern ist.

VI. Formular betreffend Ladung zur mündlichen Prüfung.

Zu Ihrer mündlichen Prüfung ist auf
den .... d. Js., Vormittags 10 Uhr
im Dienstgebäude des Justizministeriums — Wilhelmstraße Nr. 65 — ein Termin anberaumt worden, zu welchem Sie hiermit vorgeladen werden.

Die für den mündlichen Vortrag bestimmten Akten werden Ihnen drei Tage vor dem Termin zugestellt werden.

Sollte eine Verhinderung eintreten, den Termin wahrzunehmen, so ist dies im Interesse des Geschäftsgangs der Justizprüfungskommission und im Interesse der auf eine Ladung zum Termin wartenden Kandidaten sofort anzuzeigen.

Im Auftrage des Herrn Justizministers eröffne ich Ihnen folgendes: Den der Justizprüfungskommission überwiesenen Referendaren ist es untersagt, behufs Vorbereitung auf den mündlichen Vortrag die in der ihnen zugeteilten Sache ergangenen gerichtlichen Entscheidungen sich zu beschaffen oder zu dem gleichen Zwecke Aufzeichnungen zu benutzen welche von früheren Vorträgen der Sache herrühren. Jede Aufzeichnung über das, was Gegenstand der mündlichen Prüfung gewesen ist, einschließlich der Niederschrift des mündlichen Vortrags zwecks Mitteilung an Repitatoren oder an nachfolgende Prüflinge ist verboten. Zuwiderhandlungen haben strenge disziplinarische Ahndung zur Folge.

Notiz: Die Gebühr für das Assessorexamen beträgt 60 Mk. Zahlungsaufforderung ergeht etwa 2 Wochen vor dem Prüfungstermine.

Druck von Otto Walter in Berlin S. 14.

Juristischer Wegweiser durch Berlin

nebst einem Anhange

betreffend die juristischen Staatsprüfungen

von

Dr. Franz Hoeniger,
Rechtsanwalt beim Kgl. Kammergericht.

Zweite Auflage.

Berlin 1905.

J. Guttentag, Verlagsbuchhandlung,
G. m. b. H.

Vorwort zur ersten Auflage.

Der nachfolgende „Juristische Wegweiser durch Berlin" verdankt seine Entstehung dem Entgegenkommen der Verlagsbuchhandlung. Er charakterisiert sich als ein Versuch, das praktisch Wissenswerte des vielgestaltigen Berliner Rechtslebens in Kürze wiederzugeben. Als Ausgangspunkte für die Darstellung schienen einmal die rechtsprechenden Behörden, zum anderen Male die juristischen Bildungsanstalten, insbesondere die Universität und die Bibliotheken, endlich die juristischen Vereine und Stiftungen geeignet. Ein weiterer Abschnitt gibt die Vorschriften über die beiden juristischen Staatsprüfungen wieder.

Was die Gerichte anlangt, so ist das Hauptgewicht auf die Darstellung ihrer Organisation gelegt. Angaben über innere Einteilung und Zuständigkeit sind lediglich da geboten, wo diese Punkte weniger bekannt dünkten oder speziell für Berlin zu interessieren schienen. Bei den Bildungsanstalten ist nach Möglichkeit Sitz und Zugänglichkeit darzustellen versucht. Die Prüfungsvorschriften sind endlich nur insoweit mitgeteilt, als sie das Formelle, den äußeren Rahmen der Prüfungen, betreffen. Für Kandidaten des Assessorexamens schien es angezeigt, einige Formulare mitzuteilen.

Die sicherlich nicht geringe Zahl von Mängeln wolle man mit der Neuheit des Unternehmens entschuldigen. Für jeden bessernden Wink wird der Verfasser sehr dankbar sein.

Berlin, den 28. April 1903.

Dr. Franz Hoeniger.

Vorwort zur zweiten Auflage.

Dem Werkchen ist ein Abschnitt über die höchsten Justizbehörden vorausgeschickt. Im übrigen herrschte das Bestreben nach Richtigkeit und Vollständigkeit vor, sodaß der Wegweiser als verbessert bezeichnet werden darf.

Nach Inkrafttreten der Neuorganisation wird der Wegweiser eine wesentliche Erweiterung erfahren, die den praktischen Juristen den Übergang möglichst erleichtern soll.

Berlin C², den 1. November 1904.
Königstraße 37.

Dr. Franz Hoeniger.

Verzeichnis der Abkürzungen.

In Befolgung der Vorschläge der ständigen Deputation des Deutschen Juristentages. (Verhandlungen 1904. Bd. III. S. 153 bis 198.)

AG. = Ausführungsgesetz.
A. Vf. = Allgemeine Verfügung.
Art. = Artikel.
betr. = betreffend.
ca. = circa.
CBl. = Centralblatt für das Deutsche Reich.
ZVf. = Circular-Verfügung.
EG. = Einführungsgesetz.
Exc. = Excellenz.
fg. = folgende.
G. = Gesetz.
Geh. = Geheimer.
GewG. = Gewerbegericht.
GeschO. = Geschäftsordnung.
GewGG., GGG. = Gewerbegerichtsgesetz.
GSamml. = Gesetzsammlung (preußische).
GewUV(ers)G. = Gewerbe-Unfallversicherungsgesetz.
GVG. = Gerichtsverfassungsgesetz.
JMBl. = Justiz-Ministerial-Blatt.
InvV(ers)G. = Invalidenversicherungsgesetz.
Justizm. = Justizminister.
Kaiserl. = Kaiserlich.
KG. = Kammergericht.
Kgl. = Königlich.
M = Mark.
MBl. f. d. i. V. = Ministerialblatt für die innere Verwaltung.
MStGO. = Militärstrafgerichtsordnung.
nachm. = nachmittags.
Nr. = Nummer.
Ordn = Ordnung.
Pr. = Preußisch.
PrFrGG. = Preußisches Gesetz über die freiwillige Gerichtsbarkeit.
PrGKG = Gerichtskostengesetz.
RA. = Rechtsanwalt.
Reg. = Reglement.
RFrGG. = Reichsgesetz über die freiwillige Gerichtsbarkeit.
RGBl. = Reichs-Gesetzblatt.
s. = siehe.
UfV(ers)G. = Unfallversicherungsgesetz.
vgl. = vergleiche.
VO. = Verordnung.
vorm. = vormittags
werkt. = werktäglich.
z. = zum.

Inhaltsverzeichnis.

Abschnitt.

Höchste Justizbehörden.

A. Reichsbehörden.

I. **Das Reichsjustizamt.**

Sitz: W 9 Voßstraße 4.

Staatssekretär: Dr. Nieberding, Exz. Wirkl. Geh. Rat.

Ressort: Das Reichsgericht.

II. **Auswärtiges Amt.**

Sitz: W 8 Wilhelmstraße 75/76.

Staatssekretär: Dr. Freiherr von Richthofen, Exz. Wirkl. Geh. Rat.

3. Rechtsabteilung: Direktor von Frantzius, Wirkl. Geh. Rat.

Ressort: Disziplinarhof, Disziplinarkammer für die Schutzgebiete, Konsulargerichte.

III. **Reichsmarineamt.**

Sitz: W 9 Leipzigerplatz 13.

Staatssekretär: von Tirpitz, Exz. Staatsminister, Admiral.

2b Abteilung: Allgemeines Marinedepartement, Dezernat für Justizangelegenheiten.

Sitz: W 9 Voßstraße 25.

Chef: Dr. Felisch, Wirkl. Admiralitätsrat.

Ressort: Die Marinekriegsgerichte.

B. Preußische Behörden.

I. **Königl. Preuß. Justizministerium.**

Sitz: W 64 Wilhelmstraße 65.

Chef: Dr. Schönstedt, Exz. Staatsminister, Bevollmächtigter zum Bundesrat, Mitglied des Herrenhauses und Kronsyndikus.

Ressort: Die ordentlichen bürgerlichen Gerichte, die Staatsanwaltschaften, die meisten Berliner Gefängnisse. (Untersuchungsgefängnis, Strafgefängnis Tegel, Plötzensee, Hausvogtei, Frauengefängnis).

Zum Ressort des Ministeriums gehört ferner die Justiz-Prüfungskommission im Hofgebäude rechts des Ministeriums.

Präsident: Dr. Eccius, Wirkl. Geh. Ober-Justizrat.

Mitglieder: Kersting, Geh. Just.Rat, Kammerger.Rat. Supper, Geh. Ob.Just.Rat. Dr. Mencke, Ob.Verwaltungsger.Rat. Ule, Geh. Just.Rat. Ernst Hoffmann, Ob.Verwaltungsger.Rat. Dr. Bourwieg, Geh. Ob.Just. Rat. Dr. Leske, desgl. Wedow, desgl. Dr. Frenken, desgl. Kiehl, Kammerger Rat. Dr. Schwering, Just. Rat., Rechtsanw. Wiebe, Geh. Ob.Just.Rat. Werner, Ob.Verwaltungsger.Rat. Dr. Habicht, Geh. Just.Rat. Busch, Kammerger.Rat. Dr. Ebbecke, desgl. Kübler, Geh. Just.Rat.

Bureau-Vorsteher: Fischer, Geh. Rechn.Rat.

Rendant: Becker, Rechn.Rat.

II. Ministerium des Innern.

Sitz: NW 7 Unter den Linden 72/73.

Chef: Freiherr von Hammerstein, Exz. Staatsminister.

Ressort: Strafanstalt Moabit, das Schiedsgericht für Arbeiterversicherung.

III. Das Kgl. Preuß. Kriegsministerium.

Chef: v. Einem gen. v. Rothmaler, Exz. Generalleut.

Justizabteilung.

Sitz: W 66 Leipzigerstr. 5. (Eingang zur Justizabteilung Wilhelmstraße).

Chef: Wolf, Wirkl. Geh. Kriegs-Rat.

Ressort: Die Militärgerichte mit Ausnahme des Reichsmilitärgerichts.

2. Abschnitt.

Die Berliner Gerichte.

A. Die ordentlichen bürgerlichen Gerichte.

I. Das Kammergericht.

Sitz des Präsidiums und der Civilsenate: SW 68 Lindenstraße 14; der Strafsenate: SW 12, Charlottenstraße 77.

Zuständigkeit: Oberlandesgericht für die Provinz Brandenburg und den Stadtkreis Berlin; kleines Obertribunal: § 50 PrAG. z. GVG.; Art. 7, 8 PrFrGG. in Verbindung mit § 199 RFrGG.; § 28 PrGKG.

Bei dem KG. wird der große Disziplinarsenat gebildet. G. 7. V. 1851 (GSamml. 218), ergänzt durch G. 26. III. 1856 (GSamml. 201) und §§ 6 fg. G. 9. IV. 1879 (GSamml. 345).

Mit dem KG. verbunden ist der Geheime Justizrat für Streitigkeiten der Mitglieder des Kgl. Hauses und der Fürstlichen Häuser Hohenzollern Hechingen und Sigmaringen mit dritten, die als Kläger auftreten. Art. III. G. 26. IV. 1851 (GSamml. 181); Königl. V. 14. VIII. 1852 (GSamml. 771) § 5 EG. z. GVG.; § 18 AG. dazu; § 2 AG. z. GVG.; § 2 Kaiserl. V. 26. IX. 1879 (RGBl. 287).

Die Oberstaatsanwaltschaft beim KG. hat ihren Sitz SW 12 Charlottenstraße 77.

II. Das Landgericht I.

Sitz des Präsidiums und der Civilabteilungen: Grunerstr. 3 u. Neue Friedrichstraße 16/17 (Neuer Justizpalast); Strafkammern: NW 52 Alt-Moabit 11 (Kriminalgerichtsgebäude); Gerichtsschreibereien der Strafkammern: NW 52 Werftstraße 7; Zentralkanzlei: Neue Friedrichstraße 87.

Zuständigkeit: nur für Amtsgericht I.

Die Staatsanwaltschaft beim LG. I ist im Kriminalgerichtsgebäude NW 52 Alt-Moabit 11 untergebracht.

III. Das Landgericht II.

Sitz des Präsidiums und der Civilabteilungen: SW 46 Hallesches Ufer 29—31; Kriminalabteilungen: NW 52 Alt-Moabit 11 (Kriminalgerichtsgebäude).

Zuständigkeit: Amtsgerichte Berlin II, Charlottenburg, Rixdorf, Alt-Landsberg, Bernau, Cöpenick, Kalkberge-Rüdersdorf, Königswusterhausen, Liebenwalde, Mittenwalde, Nauen, Oranienburg, Spandau, Straußberg, Trebbin, Zossen.

Die Staatsanwaltschaft beim LG. II ist in dem Hause NW 52 Rathenowerstraße 6 untergebracht.

IV. Das Amtsgericht I.

Sitz: Die Civil- und Verwaltungsabteilungen sind in 7 verschiedenen Gebäuden untergebracht, nämlich: 1. Amtsgerichtspräsident, Präsidialbureau, Abt. 155: C 2 Neue Friedrichstraße 87. 2. Bureaus der Civilprozeßabteilungen 1—28: O 27 Schicklerstraße 1. 3. Abt. für Vollstreckungssachen 77—80: C 25 Dirksenstraße 26/27. 4. Abt. für Konkurs- und Aufgebotssachen 81—84: C 2 Klosterstraße 77/78. 5. Abt. für Rechtshilfesachen 91—94, 123: C 2 Molkenmarkt 2 (ehem. Stadtvogtei). 6. Abt. für Zwangsvollstreckungssachen 85—87; für Registersachen 88—90, 122; für Testamentssachen 95—96; für Grundbuchsachen 113—119, 121, 124; Bureaus der Civilprozeßabteilungen 29—76, 112, 120; Sitzungssäle für Civilprozeßsachen: C 2 Jüdenstraße 58/60 (altes Stadtgericht). 7. Abt. für Vormundschafts- und Nachlaßsachen 97—111: Grunerstraße 3 und Neue Friedrichstraße 16/17 (Justizpalast III. Etage).

Während der Ferien finden die Sitzungen sämtl. Prozeßabteilungen des Amts- und Landgerichts I im Neuen Justizpalast, C 25 Grunerstraße statt.

Die Strafabteilungen sind in 3 verschiedenen Gebäuden untergebracht, nämlich: 1. die Abt. 125—150, Sitzungssäle der Schöffengerichte, NW 52 Alt-Moabit 11 (Kriminalgerichtsgebäude). 2. die Gerichtsschreibereien der Abt. 125 bis 128 ebendort; der übrigen NW 52 Werftstraße 7.

3. die Abt. 151—154 (Untersuchungen gegen Landstreicher, Bettler, Prostituierte): C 25 Dirksenstraße 16.

Zuständigkeit: örtlich nur für die Gemeinde Berlin; sachlich: Todeserklärung preuß. Staatsangehöriger ohne inländischen Wohnsitz. Befreiung vom Ehehindernis der Wartezeit in Ermangelung eines anderen zuständigen Gerichts, wenn die Ehe nicht in Preußen geschlossen werden soll; vgl. Verf. 27. XI. 1899 (PrJMBl. 387); Art. 11 Kaiserl. V. 16. XI. 1899 (GSamml. 177); Verf. 4. XII. 1899 (JMBl. 560): gemeinsame Führung der Güterrechts-, Handels-, Genossenschafts-, Binnenschiffs-, Muster-, Börsen-, Wassergenossenschafts-Register für die Amtsgerichte I, II, Charlottenburg, Rixdorf.

V. Das Amtsgericht II.

Sitz der Civilabteilungen: SW 46 Hallesches Ufer 29—31; mit Ausnahme der Abteilungen 14, 15, 15a, 22, 27 Vormundschafts-, Nachlaßsachen; 16, 17 Zwangsversteigerung; 26, 34 Zwangsvollstreckung; 18 Rechtshilfe; und der Gerichtsschreibereien für die Civilprozeßabteilungen 21, 30, 32, 33, die SW 46 Hallesches Ufer 26 untergebracht sind; der Strafabteilungen, Schöffensäle: NW 52 Alt-Moabit 11 (Kriminalgerichtsgebäude); der Gerichtsschreibereien der Strafabteilungen: NW 52 Rathenowerstraße 83.

Zuständigkeit: A) Stadtkreis Schöneberg. B) Aus dem Kreise Nieder-Barnim: die Amtsbezirke Ahrensfelde, Biesdorf, Blankenfelde, Boxhagen-Rummelsburg, Dalldorf, Falkenberg, Franz. Buchholz, Friedrichsfelde, Hohen-Schönhausen, Lichtenberg, Malchow, Nieder-Schönhausen, Pankow, Weißensee, Reinickendorf, Schönerlinde, Schönwalde, Stralau, Tegel, Hermsdorf. C) Aus dem Kreise Teltow: der Stadtbezirk Teltow, die Amtsbezirke Blankenfelde, teilweise nämlich Gemeinde- u. Gutsbezirke Blankenfelde und Dahlewitz, Deutsch-Wilmersdorf, Groß-Beeren, Groß-Lichterfelde, Mahlow, Mariendorf, Osdorf, Rudow mit Gemeinde- und Gutsbezirk Ziethen, Selchow, Steglitz, aus Spandauer Forst Gutsbezirk Dahlem, Tempelhof, Treptow, Zehlendorf, Teile von Groß-Schulzendorf, nämlich Gemeinde- und Gutsbezirk Jühnsdorf, Teile von Stahnsdorf, nämlich Gemeinde- und Gutsbezirk Ruhlsdorf, Friedenau, aus dem Amtsbezirk Britz: Buckow, Schmargendorf.

VI. Mit den Gerichten in Verbindung stehende Amtsstellen.

A) **Gemeinschaftliche Briefannahme** a) für Civilsachen: α) das Land- und Amtsgericht I: C 2 Neue Friedrichstraße 16/17; β) des Land- und Amtsgerichts II: SW 46 Hallesches Ufer 29—31; b) für Strafsachen sämtlicher Amts- und Landgerichte: NW 52 Alt-Moabit 11/12.

B) **Gerichtskasse:** a) Justizhauptkasse SW 68 Lindenstraße 14; b) des Land- und Amtsgerichts I: C 2 Neue Friedrichstraße 16/17 (9—1 vorm.); c) des Land- und Amtsgerichts II: SW 46 Hallesches Ufer 29/31 (9—1 vorm.).

C) **Anmeldestube** a) des Amtsgerichts I: C 2 Neue Friedrichstraße 16/17 Gdg. Z. 38—42; b) des Amtsgerichts II: SW 46 Hallesches Ufer 26.

D) **Vorläufige Verwahrung** a) in Civilsachen α) des Amtsgerichts I: C 2 Neue Friedrichstraße 16/17 Z. 5; β) des Amtsgerichts II: SW 46 Hallesches Ufer 29—31; b) in Strafsachen: NW 52 Alt-Moabit 11.

E) **Hinterlegungsstelle:** Ministerial-, Militär- und Bau-Kommission: NW 40 Invalidenstraße 52 (V. 31. VII. 1879 JMBl. S. 217).

F) **Verteilungsstelle für Gerichtsvollzieher=Aufträge** a) des Amtsgerichts I: Jüdenstraße 58/60; b) des Amtsgerichts II: SW 46 Hallesches Ufer 29—31; Pfandkammer: C 25 Dirksenstraße 43/44 (Stadtbahnhof Börse) und C 54 Neue Schönhauserstraße 17.

G) **Untersuchungsgefängnis:** NW 52 Alt-Moabit 12a.

H) **Strafgefängnisse:** a) Moabit NW 40 Lehrterstr. 3; b) Tegel; c) Plötzensee; d) Frauengefängnis NO 18 Barnimstr. 10; e) Stadtvogtei C 25 Dirkenstraße 15.

VII. Das Amtsgericht Charlottenburg.

Sitz der Civilabteilungen: Amtsgerichtsplatz; der Kriminalabteilungen und des Straf- und Untersuchungsgefängnisses Kantstraße 79; Pfandkammer C 19 Wallstraße 69.

Zuständigkeit: A) Stadtkreis Charlottenburg mit Westend, Fürstenbrunn, Ruhwald, Martinikenfelde, Bohneshof, Nonnenwiesen, Pfefferluch, den Häusern am Spandauer Schiffahrtskanal, der Krummen Lanke. B) Aus dem Kreise Teltow 1. der Amtsbezirk Spandauer Forst, insbesondere umfassend den Gutsbezirk Spandauer Forst, die Saumästerei Carlsberg, die Wasserwerke am Teufelssee, Försterei Eichkamp, Bahnhof Grunewald, Pumpstation und Versuchsstation für Handfeuerwaffen Halensee; Försterei Hundekehle, Jagdschloß Grunewald, Restaurant Paulsborn, Försterei Wannsee, Oberförsterei Grunewald, Spandauer Bock, Restauration mit Försterei Pichelsberg. 2. Amtsbezirk Grunewald mit Gemeinde Grunewald. 3. Amtsbezirk Ruhleben.

VIII. Das Amtsgericht Rixdorf.

Sitz: Berlinerstraße 64—69; Pfandkammer Berlinerstraße 63.

Zuständigkeit: Stadtkreis Rixdorf und Amtsbezirk Britz mit Ausnahme von Buckow.

Anm. Durch pr. G. v. 16. IX. 1899 (GSamml. 391) ist eine Neueinteilung der Gerichtsorganisation für Berlin und Umgebung in Aussicht genommen. Das Inkrafttreten dieses Gesetzes soll durch Kgl. V. ausgesprochen werden.

Die Berliner ordentlichen Gerichte I. Instanz würden sich alsdann wie folgt gliedern:

Landgerichtsbezirke.

Landgericht I in Berlin: Amtsgericht Berlin—Mitte (früher Berlin I).

Landgericht II in Berlin:
- Amtsgericht Berlin-Schöneberg (früher Berlin II)
- " Berlin-Tempelhof (neu),
- " Cöpenick,
- " Groß-Lichterfelde (neu),
- " Königs-Wusterhausen,
- " Mittenwalde,
- " Rixdorf,
- " Trebbin,
- " Zossen.

Landgericht III in Berlin:	Amtsgericht	Alt-Landsberg,
	"	Berlin-Wedding (neu),
	"	Bernau,
	"	Charlottenburg,
	"	Kalkberge-Rüdersdorf,
	"	Lichtenberg (neu),
	"	Liebenwalde,
	"	Nauen,
	"	Neu-Weißensee (neu),
	"	Oranienburg,
	"	Pankow (neu),
	"	Spandau,
	"	Straußberg.

B. Kaufmannsgerichte. Gewerbegerichte. Innungsschiedsgerichte.

I. Kaufmannsgerichte.

Vgl. G. v. 6. VII. 04 (RGBl. 266—277). Zuständigkeit: §§ 5 ff. KG.

Anm.: Das Gesetz, welches bestimmt, daß für alle Gemeinden über 20 000 Einwohnern durch Ortsstatut Kaufmannsgerichte errichtet werden sollen, tritt vollständig erst am 1. I. 05 in Kraft. Als Sitz der Kaufmannsgerichte werden dieselben Orte in Betracht kommen, in denen sich jetzt Gewerbegerichte befinden. Die Ortsstatute sind noch nicht ergangen.

II. Gewerbegerichte.

Vgl. GewGerGes. 29. VII. 1890 (RGBl. 141)/29. IX. 1901 (RGBl. 353). § 11 G. 30. III. 1903 (RGBl. 116).

a) **zu Berlin.**

Sitz: SW 12 Zimmerstraße 90/91 II u. III,

Das GG. zerfällt in folgende 8 Kammern: Schneiderei und Näherei. Textil-, Leder- und Putzindustrie. Baugewerbe. Holz- und Schnitzstoffe. Metalle. Nahrungsmittel, Beherbergung und Erquickung. Handels- und Verkehrsgewerbe. Allgemeines.

Das Bureau ist werktäglich von 8—3 Uhr, das Anmeldezimmer zur Aufnahme von Klagen außerdem Montags von 6—7½ abends geöffnet.

b) **zu Charlottenburg.**

Sitz: Kirchstraße 10.

c) zu **Rixdorf.**
Sitz: Berlinerstraße 62/63.

d) zu **Schöneberg.**
Sitz: Kaiser Wilhelmplatz 2, Rathaus, Zimmer 6.

e) zu **Reinickendorf.**
Sitz: Rathaus, Hauptstraße 38.

f) zu **Tegel.**
Sitz: Keithstraße 2a.

g) zu **Lichtenberg** b. Berlin.
Sitz: Dorfstraße 6, Rathaus, Zimmer 24.

h) zu **Deutsch-Wilmersdorf.**
Sitz: Brandenburgischestraße 2.

Anm.: Nach § 2 GewGerGes. ist die Errichtung von Gewerbegerichten zu erwarten in Steglitz, Groß-Lichterfelde, Neu-Weißensee, Pankow.

III. Innungsschiedsgerichte in Berlin.

a) Schiedsgericht des Innungsausschusses der vereinigten Innungen SO 16 Brückenstraße 10 II.
b) Schiedsgericht der Bäcker-Innung „Concordia", O 27 Andreasstraße 64.
c) Schiedsgericht des Bundes der Berliner Buchdruckerei-Besitzer, SW 48 Friedrichstraße 239.

Zuständigkeit: § 81a Nr. 4, 81b Nr. 4, 91 ff. GewO. § 84 GewGerGes.

C. Militärgerichte.

Vgl. Militärstrafgerichtsordnung 1. XII. 1898 (RGBl. 1198); Kaiserl. V. 18. VII. 1900 (RGBl. 831); 25. VI. 1900 (RGBl. 304); 15. VII. und 1. XI. 1900 (RGBl. 779, 1004).

I. Das Reichsmilitärgericht.

Sitz: SW 12 Markgrafenstraße 64/65.

Zuständigkeit: §§ 71, 32 II, 33 III, 34 III—IV, 35—36, 149 IV, 204, 247 IV, 328 IV, 385 II, 407 I, 443 I, III, 447, 461 III, 463 IV, 470 II, 471 II MStrGO. § 32 Kaiserl. V. 18. VII. 1900 (RGBl. 832).

Die Militäranwaltschaft beim Reichsmilitärgericht ist SW 12 Markgrafenstraße 64/65 untergebracht.

II. **Das Oberkriegsgericht für das Gardekorps.**

Sitz: NW 5 Lehrterstraße 58.
Zuständigkeit: §§ 65, 32—35, 97 III MStrGO.

III. **Das Oberkriegsgericht für das III. Armeekorps.**

Sitz: NW 5 Lehrterstraße 58.
Zuständigkeit: §§ 65, 32—35, 97 III MStrGO.

IV. **Das Oberkriegsgericht beim Gouvernement Berlin.**

Sitz: NW 5 Lehrterstraße 58.
Zuständigkeit: § 30 MStrGO. §§ 65, 32—35, 97 III MStrGO.

V. **Das Kommandanturgericht.**

Sitz: NW 5 Lehrterstraße 58.
Zuständigkeit: §§ 62 fg. MStrGO.

VI. **Das Gericht der 1. Gardedivision.**

Sitz: NW 5 Lehrterstraße 58.
Zuständigkeit: §§ 62 fg. MStrGO.

VII. **Das Gericht der 2. Gardedivision.**

Sitz: SW 29 Prinz August v. Württembergstraße, südliche Militärarrestanstalt.
Zuständigkeit: §§ 62 fg. MStrGO.

VIII. **Das Gericht der Gardekavallerie-Division.**

Sitz: SW 29 Prinz August v. Württembergstraße, südliche Militärarrestanstalt.
Zuständigkeit: §§ 62 fg. MStrGO.

IX. **Das Gericht der Landgendarmerie.**

Sitz: NW 5 Lehrterstraße 58.
Zuständigkeit: §§ 62 fg. MStrGO.

X. **Das Gericht der Landwehrinspektion.**

Sitz: Schöneberg, General Papestraße, Landwehrdienstgebäude.
Zuständigkeit: §§ 62 fg. MStrGO.

D. Die Verwaltungsgerichte des Reiches.

I. Das Reichsversicherungsamt.

Vgl. § 11 G. betr. Abänderung des UnfVersG. 5. VII. 1900 (RGBl. 578), V. 19. X. 1900 (RGBl. 983), §§ 108 fg. InvVersG. 13. VII. 1899 (RGBl. 502).

Sitz: SW 10 Königin Augustastraße 25—27.

Zuständigkeit: nach dem GewUnfVersG. 30. VI. 1900 (RGBl. 585): §§ 2, 12, 31, 34, 35, 49, 42, 44, 46, 49, 51, 53, 54, 58, 59, 61, 63, 73, 78, 80—85, 94, 95, 102, 105—107, 110—116, 119, 120, 122—128, 144; nach dem G. über die UnfVers. für Land- und Forstwirtschaft 30. VI. 1900 (RGBl. 641): 1, 34, 37, 40, 46, 48, 50, 52, 56, 61, 63, 64, 67, 69, 70, 79, 84, 86—91, 96, 100, 101, 111, 114, 118—124, 126, 127, 129—134, 154; nach dem Bau-UnfVersG. 30. VI. 1900 (RGBl. 698): 13, 15, 19, 22—29, 32, 33, 38, 41—43; nach dem See-UnfVersG. 30. VI. 1900 (RGBl. 716): 14, 36, 39, 42, 44, 47, 48, 51—55, 57, 60, 63, 64, 67, 82—86, 94, 98, 101, 108, 112, 113, 116, 117, 119, 121—129, 162, 163; nach dem InvVersG. 13. VII. 1899 (RGBl. 463): §§ 4, 23, 72, 91, 108, 113, 126, 129, 130, 161, 178; nach der V. 22. XI. 1900 (RGBl. 1017): §§ 6, 18, 28, 33, 35.

II. Das Schiedsgericht für Arbeiterversicherung.

Vgl. §§ 3 fg. G. betr. Abänderung des UnfVersG. 5. VII. 1900 (RGBl. 574); §§ 103 fg. InvVersG. 13. VII. 1899 (RGBl. 500); V. 22. XI. 1900 (RGBl. 1017).

Sitz: W 35 Lützowstraße 111/112 I; Anmeldestube: Dienstag und Freitag $^1/_2$7—$^1/_2$9 abends.

Zuständigkeit: Stadtkreis Berlin, Regierungsbezirk Potsdam, Eisenbahndirektionsbezirk Berlin. (Dementsprechend 3 Abtlgn.).

III. Das Bundesamt für das Heimatwesen.

Vgl. § 42 G. über den Unterstützungswohnsitz 6. VI. 1870 und 12. III. 1894 (RGBl. 271), GeschO. des Bundesamtes für HW. 6. I. 1873 (CBl. 4).

Sitz: W 9 Voßstraße 4 (Reichsjustizamt).

Zuständigkeit: §§ 37, 41—52 G. über den Unterstützungswohnsitz (RGBl. 262) §§ 49, 57, 58, 59 PrAG. dazu;

letzte Instanz im eigenen Gebiet für Preußen, Hessen, Sachsen-Weimar, Koburg-Gotha, Altenburg, Oldenburg, Braunschweig, Anhalt, Reuß j. L., Waldeck, beide Schwarzburg, Lippe, Lübeck, Bremen.

Disziplinarbehörde für seine eigenen Mitglieder.

IV. Das Kaiserliche Patentamt.

Vgl. §§ 13 fg. Patentgesetz 7. IV. 1891 (RGBl. 79), V. 11. VII. 1891 (RGBl. 349); 30. VI. 1894 (RGBl. 495); 5. VI. 1897 (RGBl. 473); 6. V. 1899 (RGBl. 283); 2. V. 1900 (RGBl. 232); 25. X. 1899 (RGBl. 661); 10. V. 1903 (RGBl. 218).

Sitz: NW 6 Luisenstraße 32—34 und 57.

Zuständigkeit: §§ 12 fg. Patentgesetz; §§ 2 fg. G. betr. Schutz von Gebrauchsmustern 1. VI. 1891 (RGBl. 290); §§ 2 fg. G. zum Schutz der Warenbezeichnung 12. V. 1894 (RGBl. 441); vgl. auch §§ 22, 26 Kaiserl. V. 7. IV. 1900 (RGBl. 213).

Bei dem Patentamt ist das Ehrengericht und der Ehrengerichtshof für Patentanwälte gebildet. §§ 10 fg.; §§ 12 fg. G. betr. die Patentanwälte 21. V. 1900 (RGBl. 235).

V. Das Kaiserliche Aufsichtsamt für Privatversicherung.

Vgl. §§ 70—83 G. über die privaten Versicherungsunternehmen 12. V. 1901 (RGBl. 160), V. 23. XII. 1901 (RGBl. 498).

Sitz: Charlottenburg, Grolmanstraße 42—43.

Zuständigkeit: §§ 70—83, 85—91, 93, 96, 97, 118, 119 G. über die privaten Versicherungsunternehmungen 12. V. 1901 (RGBl. 139).

VI. Das Ober-Seeamt.

Vgl. §§ 29 fg. G. 27. VII. 1877 (RGBl. 549), ergänzt durch G. 11. VI. 1878 (RGBl. 109), GeschO. für das Ober-Seeamt 3. V. 1878 (CBl. 276); Nachtrag 10. V. 1889 (CBl. 371).

Sitz: Bureau W 64 Wilhelmstraße 74 (Reichsamt des Innern).

Sitzungssaal: W 9 Voßstraße 4 (Reichsjustizamt).

Zuständigkeit: § 27 G. 27. VII 1877 (RGBl. 554), G. 11. VI. 1878 (RGBl. 109).

VII. Die Reichs-Rayonkommission.

Vgl. Rayon-G. 21. VII. 1871 (RGBl. 457).

Sitz: W 66 Leipzigerstraße 5 (Kriegsministerium).

Zuständigkeit: §§ 13—33 Reichs-Rayon-G. 21. XII. 1871 (RGBl. 459).

VIII. **Das Reichs-Eisenbahnamt.**

Vgl. RG. 27. VI. 1873 (RGBl. 164), GeschO. 13. III. 1876 (CBl. 197).

Sitz: W 9 Linkstraße 44.

Zuständigkeit: § 5⁴ RG. 27. VI. 1873 (RGBl. 165).

E. Die Verwaltungsgerichte Preußens.

I. **Das Oberverwaltungsgericht.**

Vgl. §§ 17 fg. G. 3. VII. 1875 (GSamml. 378) / 2. VIII. 1880 (GSamml. 331); Reg. 22. II. 1892 (MBl. f. d. i. V. 133), Nachtrag dazu 15. V. 1893 (MBl. f. d. i. V. 123); G. 26. III. 1893 (GSamml. 60).

Sitz: SW 12 Markgrafenstraße 47. 8ter Senat, Jägerstraße 22.

Zuständigkeit: G. 7. VI. 1876 § 6 (GSamml. 151); G. 14. VIII. 1876 § 11 (GSamml. 375); G. 25. VIII. 1876 § 23 (GSamml. 410); G. 6. IV. 1878 Art. 35 (GSamml. 145); V. 19. VIII. 1878 Art. II (GSamml. 287); G. 29. I. 1879 (GSamml. 10); G. 1. IV. 1879 § 98 (GSamml. 317); Provinzial-Ordn. f. 6 östliche Provinzen 22. III. 1881 §§ 3, 24, 48, 98 Nr. 5, 118, 121, 128 (GSamml. 234); Landesverwaltungsges. 30 VII. 1883 §§ 7, 14, 32, 39, 54, 57, 58, 59, 60, 80—126, 130, 135 (GSamml 196); Zuständigkeitsges. 1. VIII. 1883 (GSamml. 237); Art. 24 G. 6. VIII. 1883 (GSamml. 300); Provinzial-Ordn. f. Hannover 7. V. 1884 §§ 3, 24, 48, 98 Nr. 5, 118, 121 (GSamml. 243); Kreis-Ordn. f. Hannover 6. V. 1884 § 108 (GSamml. 215); G. 6. V. 1885 § 5 (GSamml. 136); Kreis-Ordn. f. Hessen-Nassau 7. VI. 1885 § 109 (GSamml. 228); Provinzial-Ordn. f. Hessen-Nassau 8. VI. 1885 §§ 2, 21, 46, 49, 71, 91, 94, 101 (GSamml. 247); G. 19. III. 1886 Art. 21 (GSamml. 84); Kreis-Ordn. f. Westfalen 31. VII. 1886 § 96 (GSamml. 247); Provinzial-Ordn. f. Westfalen 1. VIII. 1886 §§ 2, 3, 24, 48, 98, 112, 121 (GSamml. 256); Kreis-Ordn. f. Rheinprovinz 30. V. 1887 § 96 (GSamml. 242); Provinzial-Ordn. f. Rheinprovinz 1. VI. 1887 §§ 3, 24, 48, 98, 112, 121 (GSamml. 252); Kreis-Ordn. f. Schleswig-Holstein 26. V. 1888 § 144 (GSamml. 183);

Provinzial-Ordn. f. Schleswig-Holstein 27. V. 1888 §§ 14, 20, 21, 26, 51, 61, 89, 114—121 (GSamml. 198); Städte-Ordn. f. Reg.-Bez. Wiesbaden 8 VI. 1891 §§ 58, 80, 82 (GSamml. 128); Einkommensteuerges. 24. VI. 1891 (G-Samml. 192) §§ 44—49; Gewerbesteuerges. 24. VI. 1891 (GSamml. 215) §§ 37, 38; Landgemeinde-Ordn. f. östliche Provinzen 3. VII. 1891 (GSamml. 276 § 143; Landgemeinde-Ordn. f. Schleswig-Holstein § 143 (GSamml. 197); Kleinbahnges. 28. VII. 1892 (GSamml. 231) §§ 25, 49; Ergänzungssteuerges. 14. VII. 1893 § 36 (GSamml. 145); Kommunalabgabenges. 14. VII. 1893 § 78 (GSamml. S. 178); Städte-Ordn. f. Hessen-Nassau 4. VIII. 1897 §§ 63, 89, 91 (GSamml. 274); Landgemeinde-Ordn. f. Hessen-Nassau 4. VIII. 1897 (GSamml. 340) § 115; V. 28. XI. 1898 Art. 1 (GSamml. 337); G. 28. IX. 1899 Art. 26 (GSamml. 463); Hohenzollernsche Gemeinde-Ordn. 2. VII. 1900 §§ 105, 107 (GSamml. 225); G. 17. VI. 1900 § 3 (GSamml.); Hohenzollernsche Amts- und Landesordn. 9. X. 1900 §§ 47, 53, 77, 83, 85 (GSamml. 339); V. 1. X. 1900 Art. III (GSamml. 360); V. 30. VI. 1901 (GSamml. 141), v. 8. VI 1903 (GSamml. 191).

Beim Ober-Verwaltungsgericht wird ein Disziplinarsenat gebildet (G. 8. V. 1889 GSamml. 107) zur Entscheidung in den auf Entfernung aus dem Amte gerichteten förmlichen Disziplinaruntersuchungen, in welchen die Gesetze zu denselben das Plenum des Ober-Verwaltungsgerichts oder das Ober-Verwaltungsgericht berufen. Kommunalbeamte: §§ 14, 32, 39 Landesverwaltungsgesetz 30. VII. 1883 (GSamml. 198); §§ 20, 36 Zuständigkeitsges. 1. VIII. 1883 (GSamml. 242); § 68 Kreis-Ordn. für 6 östliche Provinzen 19. III. 1881 (GSamml. 202), §§ 51, 98 Provinzial-Ordn. f. 6 östl. Provinzen 22. III. 1881 (GSamml. 244); §§ 47, 77 Hohenzollernsche Amts- und Landesordn. 2. VII. 1900 (GSamml. 237).

II. Der Bezirksausschuß.

Vgl. § 43 Landesverwaltungsges. 30. VII. 1883 (GSamml. 195) §§ 20 fg. das.; § 4 G. 13. VI. 1900 (GSamml. 248).

Sitz: NW 40 Invalidenstraße 52.

Zuständigkeit: insbesondere § 161 Zuständigkeitsges. 1. VIII. 1883 (GSamml. 237). In Polizeisachen für die Stadtkreise Berlin, Charlottenburg, Schöneberg und Rixdorf G. 13. VI. 1900 (GSamml. 247).

Disziplinarbehörde: § 39 Landesverwaltungsgesetz 30. VII. 1883 (GSamml. 204); § 20³ Zuständigkeitsges. 1. VIII. 1883 (GSamml. 243); § 98 Provinzial-Ordn. f. 6 östliche Provinzen 22. III. 1881 (GSamml. 250).

III. Der Stadtausschuß Berlin.

Vgl. §§ 4, 37 Landesverwaltungsges. 30. VII. 1883 (G-Samml. 195).

Sitz: C 2 Molkenmarkt 1.

Zuständigkeit: insbesondere §§ 67—68, 69—71, 75—77, 78, 80, 94, 100, 101—102, 109, 114, 151 Zuständigkeitsges. 1.VIII.1883 (GSamml. 237); § 170 Kreis-Ordn. 13.XII.1872 19. XII. 1881 (GSamml. 225/1881); V. 31. XII. 1883 § 1 (GSamml. 1884 S. 7).

IV. Der Stadtausschuß Charlottenburg.

Sitz: Kirchstraße 10 Ecke Grünstraße.

Zuständigkeit: s. vorhin.

V. Der Stadtausschuß Rixdorf.

Sitz: Berlinerstraße 61/62.

Zuständigkeit: s. vorhin.

VI. Der Stadtausschuß Schöneberg.

Sitz: Kaiser Wilhelm-Platz 3.

Zuständigkeit: s. vorhin.

VII. Der Kreisausschuß des Kreises Teltow.

Sitz: W 10 Viktoriastraße 18.

Zuständigkeit als Disziplinarbehörde § 36⁴ ZustG. 1. VIII. 1883 (GSamml. 250).

VIII. Der Kreisausschuß des Kreises Niederbarnim.

Sitz: NW 40 Friedrich Karl-Ufer 5.

Zuständigkeit als Disziplinarbehörde: § 36⁴ ZustG. 1. VIII. 1883 (GSamml. 250).

IX. Das Oberlandeskulturgericht.

Vgl. V. 22. XI. 1844 §§ 7—13 (GSamml. 1845 S. 20); G. betr. Verf. in Auseinandersetzungsangelegenheiten 18. II. 1880 und 10. X. 1899 (GSamml. 1899 S. 403).

Sitz: C 19 Unterwasserstraße 5.

Zuständigkeit: §§ 2, 101 G. betr. Auseinandersetzungsangelegenheiten 18. II. 1880/10. X. 1899 (GSamml. 1899 S. 403); §§ 47 fg. Privatflußgeſ. 28. II. 1843 (GSamml. 41), V. 9. I. 1845 (GSamml. 35); 28. X. 1846 (GSamml. 485), G. 3. III. 1850 (GSamml. 145); G. 11. III. 1850, § 3 (GSamml. 147); Staatsvertr. zwischen Preußen und Anhalt-Bernburg 11. IX. 1850 Art. 1 (GSamml. 413); Staatsvertrag zwischen Preußen und Schwarzburg-Sondershausen und Rudolstadt 9. X. 1854/10. XII. 1885 Art. 1 (GSamml. 1855 S. 571); G. 27. VI. 1860. (GSamml. 384); Staatsvertrag zwischen Preußen und Sachsen-Meiningen 18. VI. 1868 Art. 1 (GSamml. 873); G. 17. III. 1868 (GSamml. 261); Staatsvertrag zwischen Preußen und Schaumburg-Lippe 20. X. 1872, 27. IV. 1874 Art. 1 (GSamml. 1874 S. 245); § 57 G. 3. I. 1873 (GSamml. 17); §§ 49, 54 Enteignungsgeſ. 11. VI. 1874 (GSamml. 234); Staatsvertrag zwischen Preußen und Anhalt 18. IX. 1874 (GSamml. 359); § 4 G. 1. II. 1879 (GSamml. 15); § 42 Kreisordn. 19. III. 1881 (GSamml. 193); § 6 G. 14. III. 1881 (GSamml. 263); § 78 Zuständigkeitsgeſ. 1. VIII. 1883 (GSamml. 266); G. 12. IV. 1885 (GSamml. 115); G. 22. VI. 1886 (GSamml. 139); § 5 Ansiedelungsgesetz 26. IV. 1886 (GSamml. 132); § 24 G. 21. III. 1887 (G.Samml. 66); § 10 G. 2. IV. 1887 (GSamml. 108); § 79 G. 12. IV. 1888 (GSamml. 69); G. 25. III. 1889 (GSamml. 65); §§ 3, 4 Rentengutsgeſ. 27. VI. 1890 (GSamml. 210); § 98 LandgemOrdn. für 7 östliche Provinzen 3. VII. 1891 (GSamml. 264); § 121 G. betr. Beförderung der Rentengutsgesetzgebung 7. VII. 1891 (GSamml. 284).

Das Oberlandeskulturgericht ist Disziplinargericht für seine Mitglieder mit Ausnahme des Präsidenten und für alle Mitglieder der Generalkommissionen, §§ 65—69 Disziplinargeſ. 7. V. 1851 (GSamml. 232); §§ 1, 8, 14 Geſ 9. IV. 1879 (GSamml. 345).

X. **Die Generalkommission für die Provinzen Brandenburg, Pommern und den Stadtkreis Berlin.**

Vgl. V. 20. VI. 1817 (GSamml. 161); G. 7. VI. 1821 (GSamml. 83); V. 30. VI. 1834 (GSamml. 96); V. 22. XI. 1844 (GSamml. 1845 S. 19; Zuständigkeitsg. 1. VIII. 1883 § 95².

Sitz: Frankfurt a./O., Bahnhofstraße 2.

XI. **Der Gerichtshof zur Entscheidung der Kompetenzkonflikte.**

Vgl. G. 8. IV. 1847 (GSamml. 170); GVG. § 17; EG. dazu § 17 (RGBl. 44, 79); V. 1. VIII. 1879 (GSamml. 573).

Sitz: W Wilhelmstraße 63 (Staatsministerium).

Zuständigkeit: V. 1. VIII. 1879 (GSamml. 573); G. 22. V. 1902 (GSamml. 145).

F. Disziplinargerichte.

I. **Der Rechnungshof des Deutschen Reichs.**

Vgl. G. 4. VII. 1868 (RGBl. 433); 11. II. 1875 (RGBl. 61); G. 16. III. 1903 (RGBl. 55).

Sitz: Potsdam.

Zuständigkeit: Disziplinargericht für seine eigenen Mitglieder.

II. **Das Bundesamt für das Heimatwesen.**

S. D. III. Seite 18 oben.

III. **Die Kaiserliche Disziplinarkammer für den Regierungsbezirk Potsdam.**

Vgl. Reichsbeamtengeś. 31. III. 1873 §§ 86—90, 92—93, 110—116 (RGBl. 77); Kaiserl. V. 11. VII. 1873 (RGBl. 293); GeschO. 18. IV. 1880 (CBl. 203).

Sitz: Potsdam.

Zuständigkeit: für den Reg.-Bez. Potsdam und die Reichsbeamten, deren Wohnsitz sich im Auslande befindet.

IV. **Die Kaiserliche Disziplinarkammer für den Regierungsbezirk Frankfurt a./O.**

Vgl. wie bei III.

Sitz: Frankfurt a./O.

V. **Die Disziplinarkammer für die Schutzgebiete.**

Vgl. V. 9. VIII. 1896 Art. 9 (RGBl. 693); GeschO. 3. III. 1897 §§ 1—20 (CBl. 72).

Sitz: SW 68 Lindenstraße 14 (Kammergerichtsgebäude).

VI. **Der Disziplinarhof für die Schutzgebiete.**

Vgl. V. 9. VIII. 1896 Art. 9 (RGBl. 693); GeschO. 3. III. 1897 § 120 (CBl. 75).

Sitz: SW 68 Lindenstraße 14 (Kammergerichtsgebäude).

VII. **Die Militär-Disziplinarkommission für das Gardekorps.**

Vgl. §§ 121 fg. Reichsbeamtenges. 31. III. 1873 (RGBl. 83).

Sitz: Besondere Räume nicht sichergestellt.

VIII. **Die Militär-Disziplinarkommission für das III. Armeekorps.**

Vgl. §§ 121 fg. Reichsbeamtenges. 31. III. 1873 (RGBl. 83).

Sitz: Besondere Räume nicht sichergestellt.

IX. **Das Staatsministerium.**

Sitz: W 8 Wilhelmstraße 63.

Zuständigkeit: §§ 15, 26, 41—46, 90 Disziplinargesetz 21. VIII. 1852 (GSamml. 468). Disziplinarbehörde für Waldeck-Pyrmont. V. 18. I. 1869, Art. 5 (GSamml. 210).

X. **Der Disziplinarhof für nicht richterliche Beamte.**

Vgl. §§ 29 fg. Disziplinarges. 21. VII. 1852 (GSamml. 471) § 13, G. 9. IV. 1879 (GSamml. 347); V. 13. IX. 1869 (GSamml. 1613); G. 9. IV. 1879 § 27 (GSamml. 350).

Sitz: SW 68 Lindenstraße 14 (Kammergerichtsgebäude).

Zuständigkeit: §§ 23 fg., 29 fg., 45 fg. Disziplinarg. 21. VII. 1852 (GSamml. 470).

XI. **Das Provinzial-Schulkollegium.**

Vgl. §§ 24, 31 fg. Disziplinarg. 21. VII. 1852 (GSamml. 471).

Sitz: W 9 Linkstraße 42.

Zuständigkeit: §§ 19, 24 Disziplinarges. 21. VII. 1852 (GSamml. 469).

XII. Die Direktion für die Verwaltung der direkten Steuern.

Sitz: C 2 Hinter dem Gießhause 1.

Zuständigkeit: § 45 Zuständigkeitsg. 1. VIII. 1883 (GSamml. 206); §§ 24, 31 fg. Disziplinarg. 21. VII. 1852 (GSamml. 471).

XIII. Das Polizei-Präsidium.

Sitz: Am Alexanderplatz.

Zuständigkeit: §§ 24, 31 fg. Disziplinarg. 21. VII. 1852 (GSamml. 471); Ministerial-Beschl. 23. VIII. 1853 (MBl. f. d. i. V. 227).

XIV. Die Eisenbahn-Direktion.

Vgl. G. 17. VI. 1880 (G.Samml. 271).

Sitz: W 35 Schöneberger Ufer 1—4.

Zuständigkeit: §§ 24, 31 fg. Disziplinarg. 21. VII. 1852 (GSamml. 471).

XV. Der große Disziplinarsenat des Kammergerichts.

S. A. I Seite 10 oben.

XVI. Das Oberlandeskulturgericht.

S. E. IX Seite 22 oben.

XVII. Der Disziplinarhof beim Reichsmilitärgericht.

Sitz: SW 12 Markgrafenstraße 64/65.

Zuständigkeit: §§ 11 fg. G. über Dienstvergehen der richterlichen Militärjustizbeamten 1. XII. 1898 (RGBl. 1297).

XVIII. Die Disziplinarkammer für den Bereich des Gardekorps, des III., IV. und VI. Armeekorps.

Sitz: Besondere Räume nicht sichergestellt.

Zuständigkeit: §§ 8 fg. G. über Dienstvergehen der richterlichen Militärjustizbeamten 1. XII. 1898; pr. AV. 28. XII. 1898 z. MStrGO. III (AVBl. 1900 Nr. 1 fg.).

XIX. Das Ehrengericht für Rechtsanwälte.

Vgl. § 67 Rechtsanwaltsordnung 1. VIII. 1878 (RGBl. 190).

Sitz: Bureau SW 12 Prinz Albrechtstraße 3; Sitzungen im Kammergerichtsgebäude, SW 68 Lindenstraße 14.

Zuständigkeit: §§ 41—61 Rechtsanwaltsordn. 1. VII. 1878 (RGBl. 185).

XX. Das Ehrengericht für Patentanwälte.

S. D. IV Seite 18 oben.

XXI. Der Ehrengerichtshof für Patentanwälte.

S. D. IV Seite 18 oben.

XXII. Das Ehrengericht für den Bezirk der Ärztekammer der Provinz Brandenburg und des Stadtkreises Berlin.

Vgl. G. 25. XI. 1899 (GSamml. 565); § 1 V. 25. V. 1887 (GSamml. 169).

Sitz: C 2 An der Spandauerbrücke 6 I.

XXIII. Der ärztliche Ehrengerichtshof.

Vgl. G. 25. XI. 1899 (GSamml. 565); § 1 V. 25. V. 1887 (GSamml. 169) nebst Ausführungsbest. 21. XII. 1899.

Sitz: W Unter den Linden 4 (Kultusministerium).

Zuständigkeit: §§ 39 fg. G. 25. XI. 1899 (GSamml. 574).

XXIV. Das Börsen-Ehrengericht.

Vgl. § 9 Börsenges. 22. VI. 1896 (RGBl. 160).

Sitz: C 2 Burgstraße 23—26 (Börsengebäude).

Zuständigkeit: §§ 9 fg. Börsengesetzes 22. VI. 1896 (RGBl. 160).

XXV. Die Berufungskammer in Börsen-Ehrengerichtssachen.

Vgl. § 17 Börseng. 22. VI. 1896 (RGBl. 161).

Sitz: W 64 Wilhelmstraße 74 (Reichsamt des Innern).

Zuständigkeit: §§ 17 fg. Börsengesetzes 22. VI. 1896 (RGBl. 161).

3. Abschnitt.

Die juristischen Lehr- und Bildungsanstalten.

A. Die Königl. Friedrich Wilhelms-Universität.

Sitz: C 2 Platz am Opernhaus.

Statut der juristischen Fakultät vom 29. I. 1838, neuredigiert am 31. V. 1901. Das Spruchkollegium der Fakultät (von Bedeutung wegen § 18 EG. z. GVG. und als gutachtende Behörde) hat kein besonderes Statut.

Dekan: Prof. Hellwig, W 157 Kurfürstendamm 202, Sprechstunde 2—3; Zimmer Nr. 14, östliches Erdgeschoß.

I. Studienplan.

Im Gegensatz zu andern hat die Berliner Juristen-Fakultät einen bestimmten Studiengang nicht vorgeschrieben. Sie erteilt den Studierenden nur den Rat „mit den einleitenden Vorlesungen: Einführung in die Rechtswissenschaft und Rechtsphilosophie zu beginnen sodann ihre Aufmerksamkeit der römischen Rechtsgeschichte, dem System des römischen Privatrechts, der deutschen Rechtsgeschichte und den Grundzügen des deutschen Privatrechts zuzuwenden und erst hiernach die Vorlesungen über deutsches bürgerliches Recht, Handels-, Wechsel- und Seerecht zu hören. Nach wie vor seien zu hören: Strafrecht, Staatsrecht, Verwaltungsrecht, Kirchenrecht, Völkerrecht, Civilprozeß und Konkursrecht, Strafprozeß, Gerichtliche Medizin."

Anm. Der Dekan macht ferner darauf aufmerksam, daß Juristen, die sich später dem Staatseisenbahndienst widmen wollen, nach einer Mitteilung des Ministers der öffentlichen Arbeiten nur dann Aussicht haben, zur Staatseisenbahnverwaltung übernommen zu werden, wenn sie den Nachweis führen können, daß sie sich mit dem Studium der Volkswirtschaftslehre, der Finanzwissenschaft, der sozialpolitischen Gesetzgebung, wie auch mit der Technologie eingehend beschäftigt und womöglich an seminaristischen Übungen in diesen Disziplinen mit Erfolg teilgenommen haben.

Als besonders übersichtlich teilen wir im folgenden den Studienplan für Göttingen mit:

I. Semester:	II. Semester:
Einführung i. d. Rechtswissenschaft.	Deutsche Rechtsgeschichte u. Grundzüge des deutschen Privatrechts.
Römische Rechtsgeschichte.	Deutsches bürgerliches Recht, 1. Teil.
System des römischen Privatrechts.	Übung im deutschen Recht.
Römischer Civilprozeß.	
Übung im römischen Recht.	

III. Semester:

Deutsches bürgerliches Recht, 2. Teil.
Rechtsentwicklung in Preußen.
Übung im bürgerlichen Recht (für Anfänger).
Nationalökonomie, 1. Teil.

IV. Semester:

Handels-, Wechsel- und Seerecht.
Strafrecht.
Deutsches und preußisches Staatsrecht.
Nationalökonomie, 2. Teil.
Finanzwissenschaft.

V. Semester:

Civilprozeß.
Deutsches und preußisches Verwaltungsrecht.
Kirchenrecht.
Gerichtliche Medizin.
Übung im bürgerlichen Recht (für Vorgerückte).
Übung im Strafrecht.

VI. Semester:

Strafprozeß.
Völkerrecht.
Übung im Civilprozeß.
Handelsrechtliche Übung.
Staatsrechtliche oder staatswissenschaftliche Übung.

II. Seminare.

Die Fakultät rät: „Während der ganzen Studienzeit werden den Herren Studierenden geeignete exegetische und praktische Übungen sowie Übungen im juristischen Seminar zur Anregung der Selbsttätigkeit und zur Vertiefung der gewonnenen Kenntnisse ernstlich empfohlen."

An Seminaren kommen in Betracht:

a) Das juristische Seminar.

Sitz: Universitätsgebäude, Zimmer Nr. 55, Westflügel II. Stockwerk, Eingang Mittelportal.

Abteilungen: α) für römisches Recht — Leiter: Prof. Kipp, W 15 Meineckestraße 20 part., 12—1; β) für kanonisches Recht — Leiter: Prof. Kahl, W 62 Kurfürstenstraße 114); γ) für Strafrecht — Leiter: Prof. Kohler, W 15 Kurfürstendamm 216 III, Montag und Donnerstag 4—5.

Reglement: das provisorische Reglement vom 22. IV. 1875 ist noch in Geltung.

Zweck: Anleitung zu eigenem wissenschaftlichen Arbeiten durch exegetische, historische und dogmatische Übungen.

Honorar: frei.

Ankündigung der Übungen: Vorlesungsverzeichnis.

Mitgliedschaft: Mitglieder nur immatrikulierte Studenten der Rechte. Vorherige Meldung bei dem Lehrer des Seminars, unter dessen Leitung Eintretender zunächst an den Übungen teil zu nehmen gedenkt. Der betreffende Lehrer entscheidet über die Aufnahme nötigenfalls nach vorgängiger Prüfung über die erforderlichen Vorkenntnisse. Dauer der Mitgliedschaft: immer nur ein Semester.

Belegung der Seminarübungen: Auf der Quästur. Indes nur auf Grund einer Aufnahmebescheinigung des Seminarlehrers.

Pflichten: pro Semester wenigstens eine wissenschaftliche Arbeit; Ausschluß wegen Unfleiß und Untauglichkeit.

b) Das Seminar für deutsches Recht.

Sitz: Universitätsgebäude, Zimmer Nr. 55, Westflügel II. Stockwerk, Eingang Mittelportal.

Leiter: Prof. Brunner, W 62 Lutherstraße 36, Dienstag 3½ bis 4½, Mittwoch und Sonnabend 9—10. Prof. Zeumer, W 62 Courbièrestraße 17 III.

Reglement: vom 14. VII. 1887.

Im übrigen s. unter a.

c) Das Kriminalistische Seminar.

Sitz: Charlottenburg, Kantstraße 30; werktäglich 9—8.

Leiter: Prof. v. Liszt, Charlottenburg, Hardenbergstraße 19 II, Montag, Dienstag, Freitag 3—4 Wohnung; Donnerstag 5—6 im Seminar.

Bibliothekar: Dr. Delaquis, Montag und Donnerstag 1—2, Dienstag und Freitag 6—7.

Reglement: Hausordnung.

Zweck: wissenschaftliche Durchbildung in den kriminalistischen Disziplinen.

d) Das staatswissenschaftlich-statistische Seminar.

Sitz: NW 7 Dorotheenstraße 95/96 II, 8—9, Sonntags 9—1 geöffnet.

Leiter: Prof. Wagner, NW 23 Lessingstraße 51 I. Prof. Schmoller, W 62 Wormserstraße 13 I. Prof. Dr. M. Sering, Wilmersdorf, Uhlandstraße 79/80, Prof. Dr. Meitzen, W 62 Kleiststraße 23, Prof. Dr. A. Boeckh, Grunewald, Wangenheimstraße 7.

Geschäftsführender Direktor: Prof. Dr. M. Sering.

Zweck: die Mitglieder durch Übungen und durch Darbietung wissenschaftlicher Hilfsmittel in den Fächern der Staatswissenschaft und Statistik auszubilden.

Honorar: frei; indes Beitrag von 6 ℳ zur Bibliothek.

Ankündigung der Übungen: Vorlesungsverzeichnis.

Mitgliedschaft: jeder Student oder zum Besuche der Vorlesungen Zugelassene, der sich zu den Übungen bei einem der Direktoren gemeldet hat und von ihm aufgenommen ist. Er erhält von dem betreffenden Direktor Legitimationskarte gegen Zahlung von 6 ℳ. Unbemittelten kann die Zahlung erlassen werden.

Belegen der Seminarübungen: Auf der Quästur, nach Annahmebescheinigung des Seminardirektors.

Seminardiener: C. Anders, NW 7 Dorotheenstraße 94.

e) Das Seminar für Orientalische Sprachen.

Sitz: Berlin NW. 7 Dorotheenstr. 6.

Leiter: Geh. Regierungsrat Prof. Dr. Sachau.

Zweck: Ausbildung von Aspiranten für den Kaiserl. Dolmetscherdienst im Orient und für den Kaiserl. Kolonialdienst, sowie von Missionaren, Forschungsreisenden, Kaufleuten und anderen Privatpersonen in den betreffenden Sprachen Asiens und Afrika sowie in den betreffenden Realfächern (Astronomie, Botanik, Landeskunde, Tropen-Hygiene).

Honorar: Für diejenigen, welche orientalische Sprachen studieren pro Semester 20 ℳ, für diejenigen, welche mehr als eine europäische Sprache studieren pro Semester 20 ℳ, welche eine europäische Sprache studieren 10 ℳ. Wer nur die Realienfächer studiert 10 ℳ. Wer 20 ℳ bezahlt, kann auch sämtliche Fächer (Sprachen und Realien) belegen.

Mitgliedschaft:

A. Allgemeine Bemerkungen.

1. Im Allgemeinen Aufnahme in die Sprachklassen des Seminars nur im Herbst, nicht zu Ostern, da regelmäßig nur zu Anfang des Winter-Semesters, d. i. am 15. Oktober, neue Kurse eröffnet werden.

Dagegen kann der Eintritt von Kolonialdienst-Aspiranten in die Suaheli- und die Haussa-Klasse sowohl am 15. Oktober zu Anfang des Winter-Semesters wie um den 15. April zu Anfang des Sommer-Semesters stattfinden, da in diesen Klassen zu jedem der genannten Termine ein neuer Kursus eröffnet wird.

2. Referendaren, welche ihrer Militärpflicht genügt haben oder militärfrei sind und sich für den Kaiserlichen Dolmetscherdienst auszubilden wünschen, wird anheimgegeben, vor dem 1. Oktober ein schriftliches Aufnahme-Gesuch unter Beifügung der auf ihre Schul- und Universitätsbildung bezüglichen Dokumente an die Seminar-Direktion zu richten.

B. Bedingungen für Studierende an der königlichen Universität sowie an den anderen Hochschulen Berlins, welche Aspiranten des Kaiserlichen Dolmetscher-Dienstes oder Kolonial-Dienstes sind.

1. Schriftliche Eingabe an den Direktor unter Beifügung eines Lebenslaufes, des Maturitäts-Zeugnisses und eines Ausweises über ihre Universitäts-Studien.

2. Schriftliche Erklärung, welche Sprache Eintretender zu studieren gedenkt und daß er dieselbe zum Zweck einer Bewerbung um eine Anstellung im Kaiserl. Dragomanats-Dienst oder Kolonial-Dienst studieren will.

C. Bedingungen für Studierende, welche nicht Aspiranten des Kaiserlichen Dolmetscher-Dienstes oder Kolonial-Dienstes sind.

Vorzeigung der akademischen Papiere und Einreichung eines Lebenslaufes nach Maßgabe des § III. 7. der Ministerial-Verfügung vom 5. August 1887 („die Zahl der Teilnehmer an einem Kursus darf in der Regel nicht mehr als 12 betragen").

D. Bedingungen für Nichtstudierende.

Schriftliche Eingabe an den Direktor unter Angabe der Sprache, welche sie zu studieren gedenken, und Beifügung eines Lebenslaufes sowie solcher Zeugnisse, welche geeignet sind, darzutun, daß sie „den erforderlichen Grad geistiger und sittlicher Reife besitzen" (s. Ministerial-Verfügung vom 5. August 1887, § II). Wer sich in amtlicher Stellung befindet, hat dies durch amtliche Schriftstücke zu beurkunden; wer dem Privatleben angehört, hat ein polizeiliches Sittenzeugnis oder eine andere Urkunde, die ein solches ersetzen kann, beizufügen.

III. Studienpreise.

a) **Der Königliche Preis:** eine goldene Denkmünze (25 Dukaten wert) und Accessit, infolgedessen eine öffentliche ehrenvolle Erwähnung des Namens des Verfassers stattfindet.

Reglement: vom 16. IX. 1824.

Preisaufgabe: alljährlich am 3. VIII. gestellt.

Bewerber: immatrikulierte Studenten.

Bedingungen: Abhandlung, lateinisch oder deutsch, muß vor dem 4. Mai des auf das Jahr der Bekanntmachung folgenden Jahres versiegelt unter Adresse der juristischen Fakultät bei dem Sekretär der Universität abgegeben werden. Der Abhandlung ist ein versiegelter Zettel beizulegen, der inwendig den Namen des Verfassers enthält, außen aber mit einem Motto versehen ist, was ebenfalls unter dem Titel der Abhandlung selbst steht.

Entscheidung: Der Sekretär befördert die eingegangenen Schriften an den Dekan. Hierauf schriftliche Begutachtung durch den Dekan, resp. den Steller der Aufgabe. Circulation des Gutachtens. Preisfeststellung in Fakultätssitzung, die nicht später als am 20. Juli stattfinden darf.

Verkündung der Entscheidung: am 3. August alljährlich öffentliche Austeilung des Preises: Nach Verkündung wird der Preis dem Dekan eingehändigt, welcher auf Verlangen des Siegers den Namen desselben auf die Denkmünze eingraben läßt.

Die gekrönte Preisschrift wird dem Verfasser zu völlig freiem Eigentume zugestellt; Fakultät steht Abschriftnahme frei.

Zurückgabe der nicht gekrönten Abhandlungen an die sich dazu Legitimierenden.

b) **Der Preis der Stadt Berlin:** 75 Thaler in bar; wenn sich außer der gekrönten Schrift noch eine solche vorfindet, welche die Aufgabe in besonders anzuerkennender Weise gelöst hat, ehrenvolle Erwähnung.

Stiftungsurkunde: vom 12. X. 1860.

Preisaufgabe: alljährlich am 3. VIII. gestellt.

Bewerber: immatrikulierte Studenten, welche zur Zeit des für die Einreichung der Preisschrift festgesetzten Schlußtermins das 8. Semester noch nicht überschritten haben.

Entscheidung: s. a.

Verkündung der Entscheidung: s. a.

Austeilung des Preises: Mitteilung der Preiserteilung durch Dekan und Rektor an den Magistrat; Kenntnisgabe durch den Magistrat an die Stadtverordnetenversammlung; Auszahlung auf Anweisung des Magistrats durch die Stadthauptkasse.

Fakultät und Magistrat steht Abschriftnahme frei.

Zurückgabe nicht gekrönter Abhandlungen s. a.

IV. Doktorpromotion.

Leistungen: Einreichung einer genügenden selbstverfaßten Dissertation; schriftliche Interpretation je eines Textes aus dem römischen, deutschen und kanonischen Rechte; jedoch dispensiert die Fakultät je nach dem Ergebnisse der Dissertation von der Interpretation eines oder mehrerer Texte; Bestehen einer mündlichen Prüfung; öffentliche Disputation über die gedruckte Dissertation und die ihr angehängten Thesen.

Bei der Meldung sind einzureichen: 1. Zeugnis der Reife für den Besuch der Universität, 2. für den Nachweis des trienniums die Universitäts-Abgangszeugnisse (falls Kandidat nicht hier immatrikuliert, muß er sich zur Promotion immatrikulieren lassen; dies geschieht kostenlos, wenn er früher die hiesige Universität besucht hat. In dem Alter der Studierenden nicht befindliche oder nicht immatrikulationsfähige Kandidaten, insbesondere Staatsbeamte, Referendare, Offiziere, sind hiervon befreit), 3. eine juristische Dissertation in lateinischer oder deutscher Sprache, 4. kurze Darstellung des Lebenslaufes mit Angabe der Religion und des Studienganges, lateinisch oder deutsch, 5. Gesuch an die Fakultät um Zulassung zur Promotion.

Ist die eingereichte Dissertation genügend befunden worden, so bestimmt die Fakultät die schriftlich zu interpretierenden

Textstellen, für welche der Kandidat sich der deutschen Sprache zu bedienen hat, sofern nicht die Fakultät den Gebrauch der lateinischen Sprache anordnen sollte. Dem Kandidaten ist es anheimgestellt, sich sofort nach Überreichung der Dissertation die Texte bestimmen zu lassen und die Interpretationen auf seine Gefahr hin vor abgeschlossener Prüfung der Dissertation auszuarbeiten.

Nach Genehmigung der Dissertation und der Textarbeiten wird das mündliche Examen angesetzt, welches ausschließlich in deutscher Sprache abgenommen wird.

Die von der Fakultät gebilligte Dissertation mit dem curriculum vitae und das Diplom muß der Kandidat auf seine Kosten drucken lassen und in 200 Exemplaren vor der Promotion an die Universität einreichen.

Die öffentliche Disputation findet in deutscher Sprache statt. Die Gebühren betragen, mit Einschluß der der Universitäts-Bibliothek zukommenden Summe von 15 ℳ, zusammen 355 ℳ Reichswährung, von welchen 170 ℳ bei der Meldung, 185 ℳ vor dem Promotionsakte zu entrichten sind. Falls das mündliche Examen nicht bestanden wird, fällt die letztere Zahlung weg. Wer in diesem Falle vor Ablauf von zwei Jahren sich abermals zur Prüfung stellt, hat, falls er diesmal besteht, nur die letztere Zahlung zu leisten.

Doktorenwürde ehrenhalber: bei Einstimmigkeit der Fakultät als freiwillige Anerkennung ausgezeichneter Verdienste.

V. Habilitation.

Voraussetzungen: 3 Jahre nach Vollendung des akademischen Trienniums; juristischer Doktorgrad einer preußischen Universität (außerpreußischer Doktor mit ministeriellem Dispens), für den Regelfall Ableistung der zweiten juristischen Staatsprüfung.

Leistungen: Abhandlung aus jedem Hauptfache, über welches Habilitand zu lesen gedenkt; Probevortrag vor der Fakultät nebst Kolloquium; öffentliche Vorlesung.

VI. Stiftungen.

Hierüber s. in Abschnitt IV B. S. 48.

VII. Arbeitsamt.

An der Berliner Universität besteht ein Arbeitsamt, das unentgeltlich Studierende zur Erteilung von Nachhilfestunden und Übernahme von Hauslehrerstellen nachweist. Die Geschäftsstelle befindet sich NW 7 Dorotheenstraße 97 I, Z. 2, geöffnet Mittwoch und Sonnabend 12—1 Uhr.

B. Die juristischen Bibliotheken.

Die Kataloge aller mit einem * bezeichneten stehen im Lesesaal der Kgl. Bibliothek aus.

Außerdem besteht ein Sammelkatalog der in Berliner Bibliotheken vorhandenen neueren Literatur des ausländischen Rechts und der ausländischen Volkswirtschaftslehre, aufgestellt in der Bibliothek der Internationalen Vereinigung für vergleichende Rechtswissenschaft, s. unten Nr. X. (Dr. Maaß).

I. *Die B. des Abgeordnetenhauses.

Sitz: SW 12 Prinz Albrechtstraße 5 (Abgeordnetenhaus).

Benutzer: Abgeordnete, Ministerialbeamte, Referendare der Justiz und Verwaltung.

Lesesaal geöffnet: während der Session für Abgeordnete 9 Uhr vorm. bis 11 Uhr abends, für andere Benutzer 3—8 Uhr nachm., in der übrigen Zeit 9—3 Uhr. — Präsensbibliothek: Außerhalb der Session werden Bücher an Referendare 2c. ausnahmsweise von einem Tag bis zum andern ausgeliehen.

II. *Die B. der Königlichen Akademie der Wissenschaften.

Sitz: W 35 Potsdamerstraße 120.

Benutzer: Jedermann.

Lesesaal geöffnet: werktäglich 9 Uhr vorm. bis 2 Uhr nachm., desgl. auch von 4 Uhr nachm. ab während der Dauer der Sitzungen der Akademie. — Präsensbibliothek.

III. **Die B. des Amtsgerichts I.**

Sitz: C 2 Jüdenstraße 58/60, Part. linker Hand, Portal III.

Benutzer: Mitglieder, Beamte des Gerichts, Referendare, Rechtsanwälte.

Lesesaal geöffnet: 8—4 Uhr werktäglich. — Verleihbibliothek.

IV. ***Die B. des Cultusministeriums.**

Sitz: W 64 Unter den Linden Nr. 4.

Benutzer: Ministerialbeamte.

V. ***Die B. des Finanzministeriums.**

Sitz: Finanzministerium, Kastanienwäldchen.

Benutzer: Ministerialbeamte.

VI. **Die B. zur Frauenfrage des Vereins Frauenwohl.**

Sitz: C 19 Seidelstraße 25.

Geöffnet: Mittwoch 5—8 Uhr, Sonnabend 6—9 Uhr. — Jahresabonnement 2 *M*.

VII. ***Die B. des Ministeriums für Handel und Gewerbe.**

Sitz: W 66 Leipzigerstraße 2.

Benutzer: Ministerialbeamte. Privatpersonen nach Einholung besonderer Erlaubnis.

VIII. **Die B. des Herrenhauses.**

Sitz: Leipzigerstraße 75 (Herrenhausgebäude).

Benutzer: Mitglieder des Hauses, Ministerialbeamte, Referendare der Verwaltung und der Justiz (letztere nur dann, wenn von Hausmitglied empfohlen).

Lesesaal geöffnet: während der Session 9 Uhr vorm. bis 3 Uhr nachm., 6—8 Uhr nachm., außerhalb der Session 10—12 Uhr vorm. — Präsensbibliothek: Ausleihe nur an Mitglieder des Hauses und von diesen empfohlene Personen auf die Höchstdauer von 6 Wochen.

IX. **Die B. des Königlichen Hauses Hohenzollern.**

Sitz: Im Königlichen Schloß C 2 an der Spree zwischen Schloßplatz, Schloßportal und Lustgarten.

Benutzer: Jedermann.

Lesesaal geöffnet: werktäglich 10 Uhr vorm. bis 1 Uhr nachm. — Präsensbibliothek.

X. Die B. der internationalen Vereinigung für vergleichende Rechtswissenschaft.

Sitz: in Räumen der B. der Korporation der Kaufmannschaft, Börsengebäude Eingang C 2 St. Wolfgangstraße.

Benutzer: Mitglieder der Vereinigung, auf Empfehlung andere Personen.

Lesesaal geöffnet: 9 Uhr vorm. bis 3 Uhr nachm. werktäglich. — Präsensbibliothek.

In dieser Bibliothek wird der Sammelkatalog der in Berliner Bibliotheken vorhandenen neueren Literatur des ausländischen Rechts rc. verwaltet und fortgeführt. (Dr. Maaß, Nettelbeckstraße 7 III.)

XI. *Die B. der Juristischen Gesellschaft.

Sitz: in den Räumen der B. des Landgerichts I.

Benutzer: Mitglieder der Gesellschaft, des Landgerichts, der Staatsanwaltschaft, Rechtsanwälte, Referendare des Landgerichts I, sonstige Gerichtsbeamte, Fremde mit Genehmigung des Landgerichtspräsidenten.

Lesesaal geöffnet: 10 Uhr vorm. bis 2 Uhr nachm. werktäglich. — Verleihbibliothek: Frist 10 Tage.

XII. *Die B. des Justizministeriums.

Sitz: W 69 Wilhelmstraße 65 Gartenhaus, man folgt dem Wegweiser „Justizprüfungskommission".

Benutzer: Beamte des Ministeriums, Richter, Rechtsanwälte, Referendare, Studenten.

Lesesaal geöffnet: werktäglich 1/2 10 Uhr vorm. bis 1/2 3 Uhr nachm. — Präsensbibliothek: Ausleihe nur an Beamte des Ministeriums.

XIII. *Die B. des Kammergerichts.

Sitz: SW 68 Lindenstraße 14 (Hof, Quergebäude rechts I).

Benutzer: Mitglieder des Gerichts, der Oberstaatsanwaltschaft, Examinatoren der juristischen Prüfungskommissionen,

Rechtsanwälte und Referendare des Kammergerichts, Kandidaten der großen Staatsprüfung, sonst besondere Erlaubnis des Kammergerichtspräsidenten.

Lesesaal geöffnet: 9 Uhr vorm. bis 2 Uhr nachm., während der Ferien 9—12 Uhr vorm. — Präsensbibliothek: Nur drei Bücher auf einmal werden ausgegeben; während der Ferien muß die Bestellung am Tage vorher erfolgt sein; Ausleihe nur an Mitglieder des Gerichts, der Oberstaatsanwaltschaft und an Examinatoren.

XIV. *Die Königliche Bibliothek.

Sitz und Lesesaal: C 2 Platz am Opernhaus; Zeitschriftensaal: W 64 Behrenstraße 64.

Benutzer: Jedermann gegen Karte, wofür in der Regel (namentlich bei Studenten, Referendaren) Kautionsschein eines Beamten, einer in Berlin begüterten Persönlichkeit &c. verlangt wird.

Lesesaal geöffnet: 9 Uhr vorm. bis 9 Uhr abends, Karte; Zeitschriftensaal: 9 Uhr vorm. bis 9 Uhr abends, Karte; geschlossen: Sonnabend vor Ostern und Pfingsten, am 24. Dezember, während der Pfingst- und der letzten vollen Septemberwoche. — Verleihbibliothek: Frist 4 Wochen, Ausleihe werktäglich 9 Uhr vorm. bis 3 Uhr nachm.

XV. Die B. der Korporation der Kaufmannschaft.

Sitz: Börsengebäude, Eingang C 2 St. Wolfgangstraße.

Benutzer: Jedermann, der eine Bürgschaftskarte eines Korporationsmitgliedes vorzeigt. Ausnahmen zu Gunsten von Referendaren, Assessoren und anderen zu wissenschaftlichen Zwecken sich meldenden Benutzern.

Lesesaal geöffnet: werktäglich 9 Uhr vorm. bis 6 Uhr nachm., 6—10 Uhr nachm., Sonntags 10—12 Uhr vorm.; in der Zeit vom 15. VII. bis 1. X. nachm. geschlossen.

Bis auf Sammelwerke und einige Kommentare werden Bücher auf 3 Wochen ausgeliehen.

XVI. **Die B. des Kriminalistischen Seminars.**

Sitz: Charlottenburg, Schlüterstraße 60/61, Stadtbahnhof Savignyplatz.

Benutzer: Mitglieder des Seminars; sonstige Studierende gegen Einlaßkarten, die Dienstags, Donnerstags und Sonnabends 5—7 Uhr beim Bibliothekar des Seminars erhältlich sind. — Präsensbibliothek.

XVII. ***Die B. des Landgerichts I.**

Sitz: C 25 Grunerstraße (neuer Justizpalast).

Benutzer: Mitglieder des Landgerichts, der Staatsanwaltschaft, Rechtsanwälte, Referendare des Landgerichts I, sonstige Gerichtsbeamte, Fremde mit Genehmigung des Landgerichtspräsidenten.

Lesesaal geöffnet: 10 Uhr vorm. bis 2 Uhr nachm. werktäglich. — Verleihbibliothek: Frist 10 Tage.

XVIII. **Die B. des Landgerichts II.**

Sitz: SW 46 Hallesches Ufer 29/31 II. Etage.

Benutzer: Mitglieder des Landgerichts, der Staatsanwaltschaft, Rechtsanwälte, Referendare des Landgerichts II, sonstige Gerichtsbeamte, Fremde mit Genehmigung des Landgerichtspräsidenten.

Lesesaal geöffnet: werktäglich 10 Uhr vorm. bis 2 Uhr nachm. — Verleihbibliothek.

XIX. ***Die B. des Magistrats zu Berlin** mit der Friedländerschen Sammlung (zur Geschichte der Bewegung von 1848).

Sitz: Rathaus, C 2 Königstraße 15/18 I. Etage.

Benutzer: Jedermann.

Lesesaal geöffnet: werktäglich 9 Uhr vorm. bis 3 Uhr nachm. — Verleihbibliothek: an städtische besoldete und unbesoldete Beamte unbedingt; an andere Personen mit Erlaubnis des Magistrats.

XX. Die B. des Oberlandeskulturgerichts.

Sitz: C 19 Unterwasserstraße 5.

Benutzer: Mitglieder des Gerichtshofes.

XXI. Die B. des Oberverwaltungsgerichts.

Sitz: SW 12 Markgrafenstraße 47.

Benutzer: Mitglieder des Gerichts, Rechtsanwälte, Referendare, Studenten nach vorheriger Erlaubnis (Vorstellung beim Bureauvorsteher).

Lesesaal geöffnet: werktäglich 9 Uhr vorm. bis 3 Uhr nachm. — Ausleihbibliothek nur für Mitglieder des Gerichts.

XXII. Die B. des Patentamtes.

Sitz: NW 6 Luisenstraße 32/34.

Benutzer: Beamte des Amtes, Patentanwälte, Rechtsanwälte, Referendare, Studenten nach vorgängiger Erlaubnis.

Lesesaal geöffnet: werktäglich 9 Uhr vorm. bis 3 Uhr nachm. — Verleihbibliothek nur für Mitglieder des Amtes, Patentanwälte.

XXIII. Die B. der Rechtsanwälte am Landgericht I.

Sitz: C 25 Grunerstraße (Justizpalast) I. Etage, Saal der Rechtsanwälte.

Benutzer: Rechtsanwälte.

Lesesaal geöffnet: werktäglich $^1/_2$ 10 Uhr vorm. bis ca. 3 Uhr nachm. — Verleihbibliothek: ausgenommen Entscheidungensammlungen, Gesetzblätter 2c.

XXIV. *Die B. des Reichsamtes des Innern.

Sitz: W 64 Wilhelmstraße 74.

Benutzer: Mitglieder des Bundesrates und Beamte des Reichsamtes.

Verleihbibliothek: Frist 2 Monate.

XXV. ***Die B. des Reichsbankdirektoriums.**

Sitz: W 56 Jägerstraße 34/36.

Benutzer: Reichsbankbeamte, Fremde nur mit besonderer Genehmigung des Direktoriums. — Verleihbibliothek: Frist 4 Wochen, im Mai keine Bücherausgabe.

XXVI. **Die B. des Reichsjustizamtes.**

Sitz: W 9 Voßstraße 4.

Benutzer: Mitglieder des Bundesrates, Beamte des Reichsamtes — Referendare, Studenten ausgeschlossen. — Verleihbibliothek.

XXVII. **Die B. des Reichsmilitärgerichts.**

Sitz: SW 12 Markgrafenstraße 64/65.

Benutzer: Mitglieder des Gerichtshofes, der Reichsanwaltschaft, Beamte und Behörden innerhalb Berlins; Beamte und Behörden außerhalb Berlins nur mit besonderer Erlaubnis des Präsidenten. Einsicht an Ort und Stelle auch Fremden nach Meldung beim Bibliothekar gestattet.

Lesesaal geöffnet: werktäglich 9 Uhr vorm. bis 3 Uhr nachm. — Verleihbibliothek: Frist 4 Wochen.

XXVIII. **Die B. des Reichstages.**

Sitz: NW 7 Reichstagsgebäude Königsplatz 1/3.

Benutzer: Mitglieder des Bundesrates, des Reichstages und der Zentralbehörden des Deutschen Reiches. Richter, Rechtsanwälte usw. sind nur ganz ausnahmsweise berechtigt, die Bibliothek zu benutzen.

Lesesaal geöffnet: werktäglich während der Session 9 Uhr vorm. bis 8 Uhr nachm., außerhalb der Session 9 Uhr vorm. bis 3 Uhr nachm.

XXIX. ***Die B. des Reichspostamtes.**

Sitz: W 68 Leipzigerstraße 14/18.

Benutzer: Beamte des Reichspostamtes, Post- und Telegraphenbeamte im Bezirke der Oberpostdirektion Berlins, ausnahmsweise Beamte der Post und Telegraphie außerhalb Berlins.

Verleihbibliothek: nur 3 Werke oder 6 Bände, Frist 4 Monate. Bücheraustausch werktäglich 9 Uhr vorm. bis 2 Uhr nachm.

XXX. *Die B. des Statistischen Amtes der Stadt Berlin.

Sitz: C 2 Poststraße 16.

Benutzer: Städtische Beamte, Fremde mit Erlaubnis.

Lesesaal geöffnet: werktäglich 9 Uhr vorm. bis 3 Uhr nachm. — Präsensbibliothek.

XXXI. *Die B. des Königlichen Statistischen Bureaus.

Sitz: SW 68 Lindenstraße 28.

Benutzer: Beamte des Bureaus und des damit verbundenen statistischen Seminars; andere mit Erlaubnis des Bureaudirektors.

Lesesaal: werktäglich 9 Uhr vorm. bis 3 Uhr nachm., geschlossen im August. — Präsensbibliothek: 3 Bücher auf einmal und nicht mehr als 6 während des Lesetages.

XXXII. Die B. des Vereins für Versicherungswissenschaft.

Sitz: W 50 Spichernstraße 22.

Benutzer: Mitglieder des Vereins.

Verleihbibliothek: auch nach auswärts auf Kosten der Besteller.

XXXIII. *Die Universitätsbibliothek.

Sitz: NW 7 Dorotheenstraße 9/10.

Benutzer: Studenten, Dozenten.

Lesesaal geöffnet: werktäglich auch während der Ferien 9 Uhr vorm. bis 7 Uhr abends; geschlossen an den Sonnabenden vor Ostern und Pfingsten, am 24. Dezember, in der letzten Woche vor den Osterferien und in der ersten vollen Woche des Septembers. — Verleihbibliothek: Ausleihe 9 Uhr vorm. bis 3 Uhr nachm. werktäglich; während der Ferien 11 Uhr vorm. bis 2 Uhr nachm.

XXXIV. Öffentliche Bibliothek und Lesehalle.

Sitz: SW 13 Alexandrinenstraße 26.

Benutzung: Jedermann kostenfrei nach Lösung einer Lesekarte.

Verleihbibliothek und Präsensbibliothek.

Lesesaal: täglich geöffnet von 5½ bis 9½ Uhr.

C. Referendarienseminare.

I. Am **Kammergericht** sind zur Förderung der Ausbildung der Referendarien besondere Übungen eingerichtet. Dieselben finden einmal wöchentlich (Termin wird besonders bekannt gegeben) im Sitzungssaal VI (Erdgeschoß rechts oder II. Ecksaal des I. Stockwerks) statt und werden vom Kammergerichtsrat Hauchecorne, Charlottenburg, Leibnitzstr. 13 geleitet. Die Teilnahme an den Übungen ist den am Kammergericht beschäftigten Referendaren durch Verfügung des Kammergerichtspräsidenten vom 28. V. 1898 „dringlich empfohlen". In der Verfügung ist ferner darauf hingewiesen, daß diejenigen Referendare, welche die ihnen gebotene Gelegenheit zu ihrer weiteren Ausbildung unbenutzt lassen, eine Hinausschiebung ihrer Präsentation zur großen Staatsprüfung zu gewärtigen haben, sobald sich ergeben sollte, daß sie in ihrer Ausbildung hinter solchen Referendaren zurückstehen, die an den Übungen sich beteiligt haben.

II. Am **Landgericht I** werden entsprechende zivilistische Übungen mit den Referendarien abgehalten von:

LGR. Dr. Daberkow: Donnerstags von 9—11 Uhr im Lesezimmer, Grunerstraße I, 43.

LGR. Dr. Engelbrecht: Dienstags um 5 Uhr im Zimmer 31a, Grunerstraße I.

LR. Boethke: Freitags von 8½ bis 10 Uhr im Zimmer 22/23, Grunerstraße II.

III. Am **Landgericht II** ist Leiter der Seminarübungen LGR. Timme; sie finden in Zimmer Nr. 60 des Landgerichtsgebäudes statt.

D. Bureau-Beamtinnen-Kurse.

Der Lette-Verein (W 30 Viktoria Luise-Platz 6) bildet Damen zu Bureau-Beamtinnen für Rechtsanwälte aus. Der Unterricht erstreckt sich auf Schreibmaschine, Stenographie, die Art und Ausführung der üblichen Bureauarbeiten und endlich Rechtskunde, soweit solche zum besseren Verständnis des Bureauwesens und des Ganges der Geschäfte erforderlich ist.

Für Engagements erwünschte Nachweisungen erteilt das Stellenvermittelungsbureau des Lette-Vereins, W 30 Viktoria Luise-Platz 6, geöffnet von 9—6 Uhr und Rechtsanwalt Dr. Korn, SW 48 Friedrichstraße 238.

E. Kursus in der Gesetzeskunde.

In diesem Winterhalbjahr ist ein solcher Kursus ebenso wie in den früheren an der 13. Städt. Fortbildungsschule Nr. 20, Prinzen-Allee 8 eingerichtet. Die Vorträge werden von einem Rechtsanwalt Freitags abends von 1/2 8 bis 9 1/2 Uhr gehalten und sind unentgeltlich. Der Kursus wird fast ausschließlich von Erwachsenen (Kaufleuten, Bureaubeamten, Gewerbetreibenden, Hausbesitzern usw.) besucht.

4. Abschnitt.

Juristische Vereine und Stiftungen.

A. Die juristischen Vereine.

I. Die juristische Gesellschaft.

Vorsitz: Exc. Dr. R. Koch, Präsident der Reichsbank. — Schriftführer: Justizrat Dr. Seligsohn, NW 7 Neustädtische Kirchstraße 11.

Vereinslokal: Grand Hotel de Rome, NW 7 Unter den Linden 39. — Sitzungen: In den Monaten Oktober bis Juni je eine am 2. Sonnabend des Monats.

II. Deutscher Juristentag, vertreten durch die Deputation.

Vorsitz: Geh. Justizrat, Professor Dr. Brunner, W 62 Lutherstraße 36. — Schriftführer: Kammergerichtsrat a. D. Wilhelm Thinius, Direktor der Preuß. Hypotheken-Bank, NW 52 Calvinstraße 14.

Geschäftsstelle: J. Guttentag, Verlagsbuchhandlung, G. m. b. H.

III. Internationale kriminalistische Vereinigung.

Die Landesgruppe „Deutsches Reich" wird durch Exc. Unterstaatssekretär z. D. Professor Dr. Georg von Mayr in München als Vorsitzendem und Professor Dr. Heimberger in Bonn als Schriftführer vertreten. In Berlin selbst hat dieselbe keinen Sitz. Regelmäßige Sitzungen werden nicht abgehalten; alljährlich findet eine Hauptversammlung statt; Zeitpunkt und Ort derselben wird jedesmal in der vorhergehenden Vorstandssitzung beschlossen.

Geschäftsstelle: J. Guttentag, Verlagsbuchhandlung, G. m. b. H.

IV. Internationale Vereinigung für vergleichende Rechtswissenschaft.

Vorsitz: Kammergerichtsrat Dr. F. Meyer, W 15 Meierottostraße 31. — Schriftführer: Reg.-Rat Prof. Dr. Fr. Zahn, W 62 Kalkreuthstraße 15.

Vereinslokal: Hotel Saxonia, W 9 Königgrätzerstraße 10. — Sitzungen: Jeden dritten Mittwoch oder Sonnabend im Monat.

V. Deutscher Verein für Versicherungswissenschaft, Abteilung für Versicherungsrecht und Versicherungswirtschaft.

Generalsekretär des Gesamtvereins: Dr. jur. et phil. A. Manes, W 50 Spichernstraße 22 I.

Vereinslokal: W 50 Spichernstraße 22 I. — Sitzungen: Plenarversammlungen des Gesamtvereins alljährlich mindestens zwei im preußischen Abgeordnetenhause; Versammlungen der Abteilung tunlichst im Anschlusse hieran, sonst auf Berufung des Vorsitzenden.

VI. Sozialwissenschaftlicher Verein.

Vorsitz: Dozent Dr. Stillich, Charlottenburg, Bismarckstraße 9. — Schriftführer: C. Seligmann, Halensee, Bornstedterstraße 9.

Vereinslokal: Schultheiß, Ecke Friedrich- u. Zimmerstraße 46. — Sitzungen: jeden 2. Freitag im Monat.

VII. Berliner Anwalts-Verein (E.V.).

1. Vorsitzender: Justizrat Max Jacobsohn, W 9 Linkstraße 1. — Schriftführer: RA. Karl Wilke, SW 48 Wilhelmstraße 118.

Vereinslokal: Architektenhaus, W 66 Wilhelmstraße 92/93, Saal G, Erdgeschoß. — Sitzungen: auf Berufung durch den Schriftführer.

VIII. Verein der Rechtsanwälte der Berliner Vororte.

Vorsitz: RA. Hoffmann, in Pankow, Breitestraße 30. — Schriftführer: RA. Knebel, Zehlendorf, Hauptstraße 1 II.

Vereinslokal: Restaurant Mitscher, Berlin, W 8 Französische Straße 18 I. — Sitzungen: in der Regel am ersten Dienstag jeden Monats mit Ausnahme der Monate Juli, August, September.

IX. **Verein Berliner Schiedsmänner** (E. V.).

Vorsitz: Richard Baesler, NW 5 Rathenowerstraße 55. — Schriftführer: A. Schmidt, N 28 Bernauerstraße 44.

Geschäftsstelle: N 28 Bernauerstraße 44. — Sitzungen: jeden zweiten Mittwoch im Februar, Mai und November im Brandenburger Haus, W 8 Mohrenstraße 47.

X. **Studentische Vereinigungen.**

a) Akademisch-juristischer Verein;

b) Akademisch-rechtswissenschaftlicher Verein „Teutonia".

c) Verein für Volkswirtschaftslehre.

B. Die juristischen Stiftungen.

Zu Gunsten amtierender Richter bestehen unseres Wissens keine Stiftungen.

I. Stiftungen zu Gunsten von Rechtsanwälten.

a) **Die Rechtsanwalt Bode-Stiftung:** Zinsen zu Unterstützungen für RA., die am KG., LG. I oder II zugelassen und für Notare, die in Berlin angestellt sind. Gesuche: an den Vorstand der Anwaltskammer zu Händen des Vorsitzenden Geh. Justizrat v. Simson, W 56 Jägerstraße 52 I.

b) **Die Laue-Stiftung:** Zinsen für Berliner RA., deren Wittwen und Waisen. Gesuche: an den Vorstand des Berliner Anwalts-Vereins zu Händen des Vorsitzenden Justizrat Max Jacobsohn, W 9 Linkstraße 1.

c) **Die Wilmowski- und Levy-Stiftung:** Zinsen für Berliner Rechtsanwälte, deren Wittwen und Waisen. Gesuche: an den Vorstand des Berliner Anwalts-Vereins zu Händen des Vorsitzenden Justizrat Max Jacobsohn, W 9 Linkstraße 1.

d) **Die Schöpke'sche Jubiläums-Stiftung:** s. III A. 1. S. 50.

II. Stiftungen zu Gunsten von Referendaren.

a) **Justizrat Heidenfeld-Stiftung:** Kapital 30 000 ℳ, Zinsen zu gleichen Teilen an zwei Referendare im Bezirk des Kammergerichts im letzten Jahre des Vorbereitungsdienstes zum

Assessorexamen. — Verleihung durch ein Kuratorium unter Vorsitz des Präsidenten des Landgerichts I.

b) **Woltermann-Stiftung:** Kapital über 20000 ℳ, 600 ℳ für 1 Jahr an einen Referendar. — Verleihung durch den III. Civilsenat des Kammergerichts.

III. Stiftungen zu Gunsten Studierender.

A. Allgemeine Stiftungen für Studierende aller Fakultäten, die deshalb auch den Juristen zu Gute kommen:

a) **die Bendemannsche Stiftung:** Zinsen von 2500 Tlrn., Stipendien à 60 ℳ, Zahlung im Januar und Juli. — Gesuch: an das Universitätssekretariat.

b) **die Beuthsche Stipendien-Stiftung:** 1200 ℳ jährlich auf jedesmal 5 Jahre. Nachkommen des Generals v. Willisen, Geheimrats v. Maaßen, des Oberregierungsrats v. Schierstädt und des Medizinalrats Quincke, sodann Eingeborene der Stadt Cleve bevorzugt. Bewerber muß mindestens ein Jahr in Berlin studieren. — Gesuch: an das Universitätssekretariat.

c) **v. Börstel-Stipendium:** Kapital 24000 ℳ, für Familienmitglieder auf Schulen und Universitäten. — Gesuch: an den Präsidenten des Kgl. Amtsgerichts I.

d) **die Goldbecksche Stipendien-Stiftung:** höchstens 280 Tlr. auf 1 Jahr an einen evangelischen Studierenden. — Gesuch: an das Universitätssekretariat.

e) **das Griechen-Stipendium:** Zinsen von 2279,27 Tlrn. auf 1 Jahr an einen studierenden Griechen in halbjährlichen Raten pränumerando. — Gesuch: an das Universitätssekretariat.

f) **die Kuczynskische Stiftung:** höchstens 600 ℳ jährlich auf 1 Jahr in vierteljährlichen Vorausraten, nur an Deutsche. — Gesuch: an das Universitätssekretariat. Aufruf zur Bewerbung im November.

g) **das Kurmärkische Stipendium:** Befreiung von Kollegiengeldern, Kapital 94000 ℳ 15 Stipend. à 300 ℳ auf 3 Jahre für Landeskinder aus der Mark (4 Alt-, 11 Kurmärker). — Gesuch: an den Kultusminister.

h) **das Mosersche Stipendium:** Zinsen von 12000 Tlrn. in halbjährlichen Raten. Verwandte des † Bankiers Moses Moser bevorzugt. — Gesuch: an das Universitätssekretariat.

i) **das Reichenheim-Böckhsche Stipendium:** Zinsen von 2000 Tlrn., Zahlung in halbjährlichen Raten; Verleihung am 24. XI. alljährlich auf 1 Jahr an Studierende, die das 8. Semester noch nicht überschritten haben. — Gesuch: an das Universitätssekretariat.

k) **die Reichartsche Stiftung:** 2 Stipend. à 600 ℳ, jährliche Bewerbung an das Ministerium der geistl. Angelegenheiten.

l) **die Schöpkesche Jubiläums-Stiftung:** mindestens 150 ℳ auf 1 Jahr für hilfsbedürftige Söhne verstorbener oder außer Dienst befindlicher Rechtsanwälte, Advokat-Anwälte, Advokaten und Notare des Deutschen Reichs, ohne Unterschied des Glaubens. — Gesuch: an das Universitätssekretariat.

m) **die Dr. Paul Schultze-Stiftung:** 900 ℳ auf 1 Jahr in vierteljährlichen Vorausraten. Bewerber muß eine wissenschaftliche Arbeit liefern, deren Thema bis zum 15. XII. alljährlich am schwarzen Brette bekannt gegeben wird. — Gesuch: an das Universitätssekretariat.

n) **die Stiftung des städtischen Unterstützungsfonds für Studierende an der hiesigen Universität:** 90 ℳ für 1 Halbjahr; Berliner bevorzugt. — Gesuch: an den Magistrat.

o) **die Carl Twesten-Stiftung für deutsche Studierende:** Zinsen von 7200 ℳ auf ein oder mehrere Jahre. Bewerbungen bis 15. XI. alljährlich. Bevorzugt Siebenbürger Sachsen oder Deutsche aus russisch-baltischen Provinzen. — Gesuch: an das Universitätssekretariat.

B. Stiftungen, die speziell für Jura-Studierende ausgeworfen sind.

a) **die Adolf Arnstein-Stiftung:** Kapital 30000 ℳ. Stipendium von jährlich 300—900 ℳ auf 1—4 Jahre. Bewerbungen bis 15. I. — Gesuch: an Rektor und Senat.

b) **die Bethge-Stiftung:** Kapital 55500 ℳ, 8 Stipend. zu 300 ℳ bis 450 ℳ für würdige, bedürftige Theologen oder Juristen.

Verleihung durch Magistrat auf Vorschlag der Direktion. Nur für Schüler des Friedrich-Werder-Gymnasiums.

c) **das Busch-Stipendium:** Kapital 9200 *M*; der nach Abzug einer Rente zahlbare Rest der jährlichen Zinsen abwechselnd an einen Juristen oder Mediziner. — Gesuch: an das Universitätssekretariat.

d) **die Degen-Stiftung:** ca. 250 *M* jährlich. — Gesuch: an den III. Civilsenat des Kammergerichts.

e) **die Ludendorff-Stiftung:** ca. 500 *M* jährlich auf Studienzeit. Gesuch: an den III. Civilsenat des Kammergerichts.

f) **die v. Mandt-Ackermann-Stiftung:** Kapital 72 000 *M*. Von den Zinsen zwei Drittel zu gleichen Teilen für 3 Studierende der juristischen, philosophischen Fakultät und solche, die dem industriellen oder Gewerbefache angehören. Unbedingt vorzugsberechtigt sind Nachkommen der Verwandten und zweier Freunde des Stifters. Verleihung des Stipendiums an Juristen bis zu 3 Jahren. — Gesuch: an das Universitätssekretariat.

g) **die Dr. Otto Marckwald-Stipendien-Stiftung:** Kapital 50 000 *M*. Stipendium zu 300 *M* jährlich zur Hälfte an Christen, zur anderen Hälfte an Juden. Verleihung auf Vorschlag des juristischen Dekans. — Gesuch: an das Universitätssekretariat.

h) **das Albert Menzel-Stipendium:** Kapital 17 000 *M*, 1 Stipend. zu 300 *M* einem Juristen, Verwandte des Stifters bevorzugt. — Verleihung durch Magistrat auf Vorschlag der Direktion. Nur für Schüler der Friedrich-Werder-Realschule.

i) **die v. Scheve-Stiftung:** Kapital 12 000 *M*. Zinsen für einen Jura Studierenden aus dem Reg.-Bez. Potsdam inkl. Berlin auf 1—2 Jahre. Bevorzugt Adelige. — Gesuch: an den Präsidenten des Kammergerichts.

5. Abschnitt.

Vorschriften über die erste juristische sowie über die große Staatsprüfung.

A. Bestimmungen über das Referendarexamen.

I. Allgemeine Verfügung vom 12. Juli 1904 (JMBl. S. 177).

(G. v. 6. Mai 1899 [GS. S. 656], GVG. v. 27. Jan. 1877 [RGBl. S. 41] § 2, AG. v. 24. April 1878 [GS. S. 230] §§ 1 u. 2, Rgl. v. 1. Mai 1883 [JMBl. S. 131 ff.], A. Vf. v. 3. Nov. 1890 [JMBl. S. 277 ff.], A. Vf. v. 18. Jan. 1897 [JMBl. S. 19], A. Vf. v. 13. Mai 1899 [JMBl. S. 150]).

Auf Grund des § 14 des Gesetzes vom 6. Mai 1899 über die juristischen Prüfungen und die Vorbereitung zum höheren Justizdienste, sowie in Gemäßheit des § 2 des Deutschen Gerichtsverfassungsgesetzes vom 27. Januar 1877 und des § 1 des Preußischen Ausführungsgesetzes vom 24. April 1878 zum Deutschen Gerichtsverfassungsgesetze bestimme ich:

An Stelle der §§ 1 bis 11 des Regulativs vom 1. Mai 1883 (JMBl. S. 131) in der Fassung der Allgemeinen Verfügung vom 3. November 1890 (JMBl. S. 277) treten folgende Bestimmungen:

§ 1. Die erste juristische Prüfung erfolgt bei einem der Oberlandesgerichte zu Königsberg, Berlin, Stettin, Breslau, Naumburg, Kiel, Celle, Hamm, Cassel und Cöln.

Der Bezirk der bei diesen Oberlandesgerichten zu bildenden Prüfungskommissionen umfaßt den Bezirk des Oberlandesgerichts. Außerdem umfaßt:

der Bezirk der Prüfungskommission zu Königsberg den Oberlandesgerichtsbezirk Marienwerder,

der Bezirk der Prüfungskommission zu Breslau den Oberlandesgerichtsbezirk Posen,

der Bezirk der Prüfungskommission zu Cassel den Oberlandesgerichtsbezirk Frankfurt a. M.

Die Prüfung ist abzulegen entweder:

a) bei derjenigen Prüfungskommission, in deren Bezirke die Beschäftigung des Rechtskandidaten als Referendar in Aussicht genommen ist, oder nach Wahl des Rechtskandidaten

b) bei derjenigen Prüfungskommission, in deren Bezirke die Universität belegen ist, an welcher der Rechtskandidat das letzte und mindestens ein früheres Studienhalbjahr zugebracht hat.

Die Zulassung von Rechtskandidaten aus dem letzteren Gesichtspunkt erleidet eine Einschränkung, wenn eine Überlastung der Prüfungskommission oder eine Verzögerung ihres Geschäftsganges zu befürchten ist.

§ 3. Die einzelnen Prüfungen sind von vier Mitgliedern, einschließlich des Vorsitzenden, abzunehmen. Unter den Mitgliedern sollen sich in der Regel zwei Universitätslehrer befinden.

§ 4. Das Gesuch um Zulassung zur Prüfung ist an den Vorsitzenden der Kommission zu richten.

Dem Gesuche sind beizufügen:

1. das Zeugnis der Reife (Bekanntmachung des Justizministers und des Ministers der geistlichen usw. Angelegenheiten vom 1. Februar 1902, betreffend die Zulassung zum Rechtsstudium, JMBl. S. 30),

2. das Zeugnis über die Militärverhältnisse,

   Dazu: Allerh. Order vom 14. Dezember 1891 (JMBl. S. 361). Vgl. unten Anmerkung zu § 28 Rgl. vom 1. Mai 1883.

3. die Universitätsabgangszeugnisse sowie die Zeugnisse über den Besuch von seminaristischen und sonstigen Übungsvorlesungen. (Vgl. Erlaß des Ministers der geistlichen usw. Angelegenheiten vom 2. Juni 1890 — U. I. 1385 —, Zentralblatt für die gesamte Unterrichtsverwaltung S. 563, sowie allgemeine Verfügungen des Justizministers vom 18. Januar 1897 und 13. Mai 1899, JMBl. von 1897 S. 19, von 1899 S. 150.)

   Dazu: III. der A. Vf. vom 18. I. 1897, JMBl. S. 19 fg.

   „Dem Gesuche um Zulassung . . . sind Arbeiten beizufügen, welche in den . . . Übungen (betr. Civilprozeß und Deutsches bürgerliches Recht) vom Kandidaten angefertigt und vom Lehrer oder dessen Assistenten schriftlich censiert sind. Aus den Censuren muß sich ergeben, daß die Arbeiten mit dem Kandidaten besprochen sind. Auch ist ein Gesamtzeugnis einzureichen, welches dartut, daß der Kandidat mit Fleiß und Erfolg an der Übung teilgenommen hat."

4. ein in deutscher Sprache abgefaßter Lebenslauf, in welchem der Gang der Universitätsstudien darzulegen ist und die Disziplinen zu bezeichnen sind, denen etwa der Rechtskandidat vorzugsweise Fleiß und Interesse zugewandt hat, auch anzugeben ist, ob, während welcher Zeit und wo der Rechtskandidat seiner aktiven Dienstpflicht im stehenden Heere oder in der Marine genügt hat.

Außerdem können dem Gesuche noch beigefügt werden:

5. die Zeugnisse über den Besuch der Kurse zur sprachlichen Einführung in die Quellen des römischen Rechtes und des Anfängerkursus im Griechischen (vgl. Erlaß des Ministers der geistlichen usw. Angelegenheiten vom 19. August 1903 — U. I. 2043 —, Zentralblatt für die gesamte Unterrichtsverwaltung S. 462).

Gesuch und Lebenslauf sind von dem Rechtskandidaten eigenhändig zu schreiben.

§ 5. Auf das Gesuch um Zulassung zur Prüfung hat der Vorsitzende der Prüfungskommission zu befinden; wird die Zulassung in Gemäßheit des § 1 Abs. 3 lit. a beantragt, so hat er das Gesuch vorher dem Oberlandesgerichtspräsidenten vorzulegen, damit dieser sich — vorbehaltlich der endgültigen Entscheidung in Gemäßheit des § 14 dieses Regulativs — darüber ausspricht, ob er die Beschäftigung des Rechtskandidaten im Bezirke des Oberlandesgerichts in Aussicht nimmt.

Wird das Gesuch wegen Unzuständigkeit der Prüfungskommission oder, weil der Vorsitzende den Fall des Schlußsatzes des § 1 als vorliegend erachtet, zurückgewiesen, so bleibt es dem Rechtskandidaten überlassen, sich an eine andere zuständige Prüfungskommission zu wenden.

Weist der Vorsitzende das Gesuch aus anderen Gründen zurück, so gilt die erfolgte Zurückweisung für sämtliche Prüfungskommissionen und ist auf den Zeugnissen zu vermerken.

Eine Zurückweisung mit letzterer Wirkung hat insbesondere zu erfolgen:

a) wenn der Rechtskandidat nicht während der ganzen vorgeschriebenen Studienzeit bei der juristischen Fakultät eingeschrieben war, vorbehaltlich jedoch der Entscheidung des Justizministers.

Vgl. dazu § 2 III GVG. (RGBl. 1877 S. 41): Der ersten Prüfung muß ein dreijähriges Studium der Rechtswissenschaft auf einer Universität vorangehen. Von dem dreijährigen Zeitraum sind mindestens drei Halbjahre dem Studium auf einer deutschen Universität zu widmen.

Vgl. ferner Erlaß des Unterrichtsministers vom 22. V. 1844, den Prüfungskommissionen durch A. Vf. des Justizministers vom 31. V. 1844 (JMBl. 129 fg.) zur Beachtung empfohlen: „. . . wird bestimmt, daß ein Studierender, der nach Ausweis seines Universitäts-Abgangszeugnisses im letzten September seines Aufenthalts auf der Universität konsiliert oder relegiert worden ist, noch nicht als ein solcher betrachtet werden kann, welcher rite sein akademisches Triennium absolviert hat, daß er daher auch nicht zu den ersten Prüfungen zugelassen werden kann, auch wenn er faktisch schon das Triennium absolviert hat und sämtliche Testate über die vorschriftsmäßig zu hörenden Vorlesungen erhalten haben sollte. Ein solcher Studierender muß vielmehr noch eine andere Universität besuchen und von dieser ein Zeugnis seines Wohlverhaltens beibringen, wenn nicht besondere Gründe zu einer Ausnahme vorliegen“. . . . über welche an den Justizminister zu berichten ist.

b) wenn der Rechtskandidat nach den vorgelegten Zeugnissen sein Studium so wenig methodisch eingerichtet hat, daß dieses als ein ordnungsmäßiges Rechtsstudium nicht angesehen werden kann.

Vgl. dazu A. Vf. des Justizministers vom 18. I. 1897 (JMBl. 19 fg.): „II. Von den exegetischen, praktischen und sonstigen Übungen des Studierenden (vgl. A. Vf. vom 3. XI. 1890 § 4 Nr. 3, 5, 6) . . . muß a) in die erste Hälfte der Studienzeit mindestens eine Übung im deutschen bürgerlichen Rechte, b) in die zweite Hälfte der Studienzeit mindestens eine Übung im deutschen bürgerlichen Rechte und eine civilprozessualische, das bürgerliche Recht mit umfassende Übung fallen. Als Übungen . . . gelten nur solche, welche mit schriftlichen Arbeiten verbunden sind.“ „IV. Inwieweit die Nichtbeachtung der Bestimmung unter II. die Annahme eines ordnungsmäßigen Rechtsstudiums ausschließt, hat der Vorsitzende der Prüfungskommission zu entscheiden.“

Vgl. ferner Cirkular-Vf. des Justizministers vom 5. XI. 1897: „Wenn Ew. ꝛc. 1. in Fällen, in denen Kandidaten nicht in unmittelbarem Anschluß an das Universitätsstudium, sondern erst nach längerer Zeit, vielleicht erst nach Jahren zur Prüfung gemeldet haben, 2. in Fällen, in denen Kandidaten nach Lieferung der schriftlichen Arbeiten von der Prüfung zurückgetreten sind, aber später die Fortsetzung der Prüfung nachgesucht haben, mit Rücksicht auf die Lage des Einzelfalles, namentlich auf die Länge der mit Abschluß des Universitätsstudiums oder seit Einreichung der schriftlichen Arbeiten verflossenen Zeit, sich für Gewährung oder Ablehnung des gestellten Antrages entschieden haben, so billige ich dies Verfahren. . . . Ebenso billige ich es, wenn in Fällen, in denen ein Kandidat unter Vorlage von Krankheitsattesten mehrfach den Prüfungstermin versäumt hat, so daß infolgedessen das um lange Zeit zurückliegende Universitätsstudium nicht mehr als genügende Vorbereitung für die Prüfung gelten kann, den Kandidaten von der Prüfung ausgeschlossen oder aber seine erneute Zulassung von einem anderweitigen einjährigen Rechtsstudium abhängig gemacht haben.“

§ 6. Dem zur Prüfung zugelassenen Rechtskandidaten hat der Vorsitzende der Prüfungskommission eine Aufgabe zu einer rechtswissenschaftlichen Arbeit zu erteilen.

Die Aufgaben zu den schriftlichen Arbeiten werden von dem Vorsitzenden festgestellt. Der Justizminister behält sich vor, hinsichtlich der Feststellung der Aufgaben besondere Anordnungen zu treffen.

§ 7. Die Arbeit ist binnen einer sechswöchigen Frist in Reinschrift abzuliefern. Am Schlusse hat der Rechtskandidat zu versichern, daß er die Arbeit selbständig angefertigt und anderer als der von ihm angegebenen Schriften sich dabei nicht bedient habe.

Vgl. dazu Anmerkung zu § 33 des Rgl. vom 1. Mai 1883, unten S. —.

Wird die Frist versäumt, so ist dem Rechtskandidaten auf seinen Antrag nach dem Ermessen des Vorsitzenden entweder alsbald oder nach dem Ablauf einer Frist, welche bis zu sechs Monaten erstreckt werden kann, eine andere Aufgabe zu erteilen.

Bei wiederholter Fristversäumung gilt die Prüfung als nicht bestanden (§ 11 Abs. 1).

§ 8. Die schriftliche Arbeit wird von denjenigen Mitgliedern der Kommission begutachtet, vor welchen die mündliche Prüfung abgelegt werden soll; die Arbeit ist mit den Zensuren zu den Prüfungsakten zu nehmen.

Zu einem Prüfungstermine sollen nicht mehr als vier Rechtskandidaten geladen werden.

Die Prüfung ist insofern eine öffentliche, als zu ihr Studierende der Rechtswissenschaft und Rechtskandidaten als Zuhörer Zutritt haben; die näheren Anordnungen über die Voraussetzung der Zulassung und über die Zahl der Zuhörer erläßt der Vorsitzende.

Den Gegenstand der mündlichen Befragung bilden die Disziplinen des öffentlichen und Privatrechts und der Rechtsgeschichte, sowie die Grundlagen der Staatswissenschaften (§ 4 des Gesetzes über die juristischen Prüfungen und die Vorbereitung zum höheren Justizdienste vom 6. Mai 1869).

Vgl. § 4 II G. v. 6. Mai 1869: Die Prüfung muß auf Erforschung der positiven Kenntnisse des Kandidaten, seiner Einsicht in das Wesen und die geschichtliche Entwickelung der Rechtsverhältnisse, sowie darauf gerichtet werden, ob der Kandidat sich überhaupt die für seinen künftigen Beruf erforderliche allgemeine rechts- und staatswissenschaftliche Bildung erworben habe.

Der Vorsitzende hat auf eine geeignete Fragestellung hinzuwirken; ob er sich an der mündlichen Befragung beteiligen will, bleibt seinem Ermessen überlassen. Bei der Beurteilung des Prüfungsergebnisses hat derselbe in jedem Falle mitzuwirken.

§ 9. Die Frage, ob die Prüfung überhaupt bestanden und im Bejahungsfall, ob sie „ausreichend", „gut" oder „mit Auszeichnung" bestanden sei, wird unter Mitwirkung des Vorsitzenden durch Stimmenmehrheit, und zwar nach dem Gesamtergebnisse der schriftlichen und der mündlichen Prüfung entschieden.

Bei Stimmengleichheit gibt der Vorsitzende den Ausschlag.

Dazu Reskript des Justizministers vom 26. XI. 1897. „Das Prädikat „gut" kann nicht erteilt werden, wenn einer der beiden Hauptteile der Prüfung für ungenügend erklärt ist."

§ 10. Die Prüfungskommission hat nach beendeter Prüfung zu den Akten zu vermerken: die Aufgabe für die schriftliche Arbeit und das Ergebnis der Begutachtung der letzteren, die Gegenstände der mündlichen Prüfung, das Ergebnis der mündlichen Prüfung in den privatrechtlichen und in den öffentlichrechtlichen Disziplinen einschließlich der Grundlagen der Staatswissenschaften, sowie das Gesamtergebnis der Prüfung.

§ 11. Wer die Prüfung nicht bestanden hat, ist nach dem Ablauf eines auf sechs bis zwölf Monate zu bestimmenden Zeitraums auf seinen Antrag zu einer einmaligen Wiederholung der Prüfung zuzulassen, sofern er nachweist, daß er ein Halbjahr dem fortgesetzten Rechtsstudium an einer Universität gewidmet hat. Die Prüfungskommission ist ermächtigt, dem Rechtskandidaten diejenigen Fächer zu bezeichnen, deren wiederholtes Studium von ihm vor der nochmaligen Zulassung verlangt wird.

Durch einstimmigen Beschluß der Prüfungskommission kann

a) das weitere Rechtsstudium erlassen und
b) die Wiederholung der Prüfung auf den schriftlichen oder den mündlichen Teil beschränkt oder auch nur eine der Vergünstigungen zu „a" und „b" allein bewilligt werden.

Ein Rechtskandidat, der ohne genügende Entschuldigung den Prüfungstermin versäumt, soll von dem Vorsitzenden in der Regel nicht vor Ablauf von drei bis sechs Monaten zu einem neuen Termine geladen werden. Bei zweimaligem, nicht genügend entschuldigtem Ausbleiben gilt die Prüfung als nicht bestanden. Dies gilt auch, wenn die Prüfung in einem Zeitraume von zwei Jahren nach der Zulassung des Kandidaten nicht beendigt ist; Ausnahmen hiervon werden nur beim Vorhandensein besonderer Entschuldigungsgründe von dem Justizminister gestattet werden.

II. Allgemeine Verfügung vom 21. März 1891 (JMBl. 133).

§ 1. Die von jedem Kandidaten der ersten juristischen Prüfung zu erhebende Gebühr beträgt 50 *M*.

§ 2. Die für die einzelne Prüfung aufkommenden Gebühren sind unter die bei derselben beteiligten Examinatoren einschließlich des Vorsitzenden nach gleichen Anteilen zu verteilen.

III. Reskript des Justizministers vom 23. November 1897.

Die Zulassung von Nichtpreußen zu den juristischen Prüfungen in Preußen kann bei dem großen Andrange preußischer Staatsangehöriger zum preußischen Justizdienst zur Zeit nur ausnahmsweise aus besonderen Gründen stattfinden.

B. Bestimmungen über das Assessorexamen.

I. Auszug aus dem Regulativ betreffend die juristischen Prüfungen usw. vom 1. Mai 1883 (JMBl. 131 fg.).

§ 28. Das Gesuch um Zulassung zur großen Staatsprüfung ist an den Präsidenten des Oberlandesgerichts zu richten.

In dem Gesuch ist nachzuweisen, daß der Referendar seiner Militärpflicht genügt habe oder vom Militärdienste ganz oder teilweise befreit sei.

Vgl. dazu Allerh. Order vom 14. Dezember 1891 (JMBl. S. 361), wonach den Referendaren bei Bestimmung des Dienstalters die Zeit, welche sie während ihrer Studienzeit oder ihres Vorbereitungsdienstes in Erfüllung der aktiven Dienstpflicht im stehenden Heere oder in der Marine gedient haben, insoweit in Anrechnung gebracht wird, als infolge der Erfüllung der aktiven Dienstpflicht die Ablegung der Prüfung später stattgefunden hat.

Dem Gesuch ist das Geschäftsverzeichnis beizufügen.

§ 29. Die Zeit, während welcher ein Referendar infolge von Krankheit oder von Einziehung zu militärischen Dienstleistungen dem Vorbereitungsdienst entzogen war, ist auf die vorgeschriebene Dauer des Vorbereitungsdienstes in Anrechnung zu bringen, wenn dieselbe während eines Jahres den Zeitraum von acht Wochen nicht übersteigt.

Dasselbe gilt, wenn der Referendar infolge von Beurlaubung oder aus anderen Gründen dem Vorbereitungsdienst während eines Jahres auf die Dauer von nicht mehr als vier Wochen entzogen war.

Durch das Zusammentreffen der Fälle des Abs. 1 u. 2 wird ein Anspruch auf Anrechnung von mehr als acht Wochen nicht begründet.

Vgl. dazu Rundvf. vom 20. März 1900:

1. Die Zeit, während welcher ein Referendar infolge von Einziehung zu militärischen Dienstleistungen dem Vorbereitungsdienste entzogen war, ist auf die vorgeschriebene Dauer des Vorbereitungsdienstes bis zum Gesamtbetrage von höchstens 32 Wochen anzurechnen und zwar auch dann, wenn die Dauer der Dienstleistung in dem einen Jahre des Vorbereitungsdienstes mehr, in dem anderen weniger als 8 Wochen beträgt.

2. Dasselbe gilt, wenn der Referendar infolge von Krankheit dem Vorbereitungsdienst entzogen war.

3. Wird der Vorbereitungsdienst durch Einziehung zu militärischen Dienstleistungen und infolge von Krankheit unterbrochen, so sind diese Unterbrechungen zusammen in derselben Weise bis zum Gesamtbetrage von höchstens 32 Wochen auf den Vorbereitungsdienst anzurechnen.

4. Beurlaubungen zu anderen Zwecken, als zur Wiederherstellung der Gesundheit sind nur auf das betreffende Jahr des Vorbereitungsdienstes und nur insoweit anzurechnen, als sie den Zeitraum von vier Wochen während eines Jahres des Vorbereitungsdienstes nicht übersteigen.

5. Durch das Zusammentreffen der Fälle 1 bis 3 mit dem Falle zu 4 wird ein Anspruch auf Anrechnung von mehr als acht Wochen für das Jahr des Vorbereitungsdienstes nicht begründet.

Unter „Jahr des Vorbereitungsdienstes" im Sinne dieser Verfügung ist der von der Vereidigung des Referendars ab laufende jährliche Zeitraum zu verstehen.

6. Die Frage der Dauer der Beschäftigung eines Referendars in einem einzelnen Zweige des Vorbereitungsdienstes wird durch die gegenwärtige Verfügung nicht berührt.

§ 30. Wenn die Prüfung des Gesuchs um Zulassung zur großen Staatsprüfung ergibt, daß der Referendar den gesetzlichen und reglementarischen Vorschriften genügt hat, so ist über die Zulassung unter Angabe seiner Beschäftigung in den einzelnen Zweigen des Vorbereitungsdienstes von dem Präsidenten unter Beifügung einer gutachtlichen Äußerung darüber, ob der Referendar auf Grund der beigebrachten Zeugnisse und nach dem eigenen pflichtmäßigen Ermessen des Präsidenten zur Ablegung der Prüfung für vorbereitet zu erachten sei, sowie unter Übersendung der Dienstakten an den Justizminister zu berichten.

§ 31. Den Auftrag zur großen Staatsprüfung erteilt der Justizminister der Justiz-Prüfungskommission.

§ 32. Die schriftliche Prüfung hat eine rechtswissenschaftliche Arbeit und eine Relation aus Prozeßakten zum Gegenstande

§ 33. Der Präsident der Prüfungskommission hat dem zur Prüfung zugelassenen Referendar die Aufgabe zur rechtswissenschaftlichen Arbeit zu erteilen und nach deren Ablieferung Prozeßakten zur Anfertigung einer schriftlichen Relation zuzufertigen.

Die wissenschaftliche Arbeit ist binnen einer sechswöchigen, die Relation binnen einer dreiwöchigen Frist in Reinschrift abzuliefern. Am Schlusse der Arbeiten hat der Referendar zu versichern, daß er dieselben ohne fremde Hilfe angefertigt und anderer als der von ihm angegebenen Schriften sich dabei nicht bedient habe.

Vgl. dazu A. Vf. des Justizministers vom 26. November 1880 (JMBl. S. 270):

Kandidaten, welche sich einer Verletzung der bezüglich der selbständigen Anfertigung einer schriftlichen Prüfungsarbeit am Schlusse derselben abzugebenden Versicherung (vgl. §§ 7, 33 des Rgl. vom 1. Mai 1883) schuldig gemacht haben, werden vom Justizminister, je nach dem Grade der Verschuldung, auf Zeit oder für immer von der Prüfung ausgeschlossen werden. Dies gilt auch in den Fällen, wo durch Verschweigung der bei der Arbeit benutzten Quellen eine Täuschung der Examinatoren beabsichtigt worden ist.

Wird die Frist zur Anfertigung der wissenschaftlichen Arbeit versäumt, so ist dem Kandidaten auf seinen Antrag eine andere Aufgabe zu erteilen; wird die Frist zur Anfertigung der Relation versäumt, so sind ihm auf seinen Antrag andere Prozeßakten zur Anfertigung der Relation zuzufertigen. Bei wiederholter Fristversäumung gilt die Prüfung als nicht bestanden (§§ 39, 40).

Über den Nachweis von Erkrankungen vgl. unten II S. 63.

Über den Aufschub des Prüfungstermins unten III S. 64.

§ 34. Die Relation muß eine vollständige und wohlgeordnete Darstellung des Sach- und Rechtsverhältnisses, ein begründetes Gutachten und einen Urteilsentwurf enthalten.

Vgl. dazu: Rundschreiben des Präsidenten der Justiz-Prüfungskommission vom 7. Juli 1897, unten IV S. 65.

§ 35. Die Relation kann aus laufenden oder zurückgelegten Akten erstattet werden.

Dem Präsidenten der Prüfungskommission sind zu diesem Zwecke von den Vorständen der Gerichte zur Prüfung geeignete Prozeßakten auf sein Ersuchen mitzuteilen.

§ 36. Die Beurteilung der beiden schriftlichen Arbeiten liegt denjenigen Mitgliedern der Justiz-Prüfungskommission ob, vor welchen der Referendar die mündliche Prüfung ablegen soll.

§ 37. Die mündliche Prüfung erfolgt vor drei Mitgliedern der Justiz-Prüfungskommission, einschließlich des Präsidenten derselben.

Mit der Prüfung ist ein freier Vortrag aus Akten zu verbinden, welche dem Referendar drei Tage vor dem Termin zugestellt werden.

Die Prüfung ist nicht öffentlich.

§ 38. Zu einem Prüfungstermin sollen nicht mehr als sechs Referendare geladen werden.

§ 39. Die Frage, ob die Prüfung überhaupt bestanden, und im Bejahungsfalle, ob dieselbe „ausreichend" oder „gut" oder „mit Auszeichnung" bestanden sei, wird durch Stimmenmehrheit und zwar nach dem Gesamtergebnisse der schriftlichen und mündlichen Prüfung entschieden.

§ 40. Die Justiz-Prüfungskommission hat über die Erledigung der ihr erteilten Aufträge dem Justizminister zu berichten.

Referendare, welche die Prüfung nicht bestanden haben, werden auf eine nach dem Ermessen der Prüfungskommission zu bestimmende Zeit behufs besserer Vorbereitung zur Beschäftigung bei einem Gerichte zurückgewiesen.

§ 41. Es ist eine einmalige Wiederholung der großen Staatsprüfung gestattet. Mißlingt dieselbe, so hat sich die Prüfungskommission auf den Beschluß zu beschränken, daß die Prüfung nicht bestanden sei.

Die zu wiederholende Prüfung gilt als mißlungen, wenn die beiden zu wiederholenden schriftlichen Arbeiten nach dem einstimmigen Beschlusse der Kommission den zu stellenden Anforderungen nicht genügen.

§ 42. Für den Fall der zu wiederholenden Prüfung können durch einstimmigen Beschluß der Kommission von der Wiederholung diejenigen Teile (wissenschaftliche Arbeit, Proberelation, mündliche Prüfung) ausgeschlossen werden, in welchen der Referendar den zu stellenden Anforderungen genügt hat.

Ist nur die Proberelation und die mündliche Prüfung zu wiederholen, so gilt die zu wiederholende Prüfung als mißlungen, wenn die Proberelation nach dem einstimmigen Beschlusse der Kommission den zu stellenden Anforderungen nicht genügt.

§ 43. Der Kandidat, welcher die Versicherung der selbständigen Anfertigung einer schriftlichen Prüfungsarbeit (§§ 6, 33) nicht wahrheitsgemäß abgegeben hat, wird von dem Justizminister, je nach dem Grade der Verschuldung, auf Zeit oder für immer von der Prüfung ausgeschlossen.

II. Verfügung des Justizministers vom 14. Mai 1897, betr. Nachweis einer Erkrankung, welcher zur Entschuldigung von Fristversäumnissen dienen soll.

Nach den Berichten des Herrn Präsidenten der Justiz Prüfungskommission mehren sich die Fälle, in welchen Kandidaten der großen Staatsprüfung zur Entschuldigung einer Terminsversäumung, namentlich aber zur Abwendung des im § 33 des Prüfungsregulativs für den Fall zweimaliger Fristversäumnis angedrohten Rechtsnachteils, sich auf Krankheitszeugnisse von Privatärzten berufen. Dabei ist wiederholt aufgefallen, daß die Kandidaten erst unmittelbar vor dem Ablaufe der Frist den Arzt zu Rate gezogen und ungeachtet der ihnen bescheinigten Krankheit um alsbaldige Zuteilung einer anderen Prüfungsarbeit gebeten haben.

Diese Wahrnehmungen haben mich veranlaßt, zu bestimmen, daß fortan in der großen Staatsprüfung der Nachweis einer Erkrankung, welcher zur Entschuldigung von Fristversäumnissen dienen soll, durch Beibringung eines Physikatszeugnisses zu führen ist.

III. Verfügung des Justizministers vom 14. Oktober 1886 (JMBl. 1887 S. 50), betr. Unstatthaftigkeit von Gesuchen um Hinausschiebung des Prüfungstermins.

Bei der großen Zahl der während der letzten Jahre zur zweiten juristischen Prüfung zugelassenen Referendare ist es unvermeidlich, daß der einzelne Kandidat regelmäßig nach Ablieferung seiner Proberelation eine Reihe von Monaten auf die Vorladung zur mündlichen Prüfung zu warten hat.

Gleichwohl gehen .... bei der Justiz-Prüfungskommission vielfache Gesuche um noch weitere Hinausschiebung des Termins zur mündlichen Prüfung ein, die zum Teil damit begründet werden, daß der Gesuchsteller, sei es während seines Vorbereitungsdienstes, sei es seit der Ablieferung seiner Proberelation, nicht genügende Zeit zur Vorbereitung für die **mündliche** Prüfung gefunden habe.

Derartige, auf den Geschäftsgang der Prüfungskommission störend einwirkende Gesuche stehen im Widerspruch mit der Vorschrift des § 9 G. vom 6. Mai 1869 und § 30 des Regulativs vom 1. Mai 1883, wonach die Zulassung zur großen Staatsprüfung von dem Nachweise abhängig ist, daß der Referendar „zur Ablegung der Prüfung für vorbereitet zu erachten sei".

Hiernach wird der Abschluß der Vorbereitung auch für die **mündliche** Prüfung bereits **bei Einreichung des Gesuchs um Zulassung zur großen Staatsprüfung vorausgesetzt** und es widerspricht der Absicht des Gesetzes, wenn zur mündlichen Prüfung ungenügend Vorbereitete um diese Zulassung mit der Absicht bitten, die ihnen fehlenden theoretischen Kenntnisse in der Zwischenzeit zwischen der Ablieferung ihrer Proberelation und dem mündlichen Prüfungstermin sich erst zu erwerben.

Die **theoretische** Ausbildung des Referendars soll der Natur der Sache nach während des vierjährigen Vorbereitungsdienstes mit der **praktischen** Hand in Hand gehen und müßte bei Beendigung des Vorbereitungsdienstes vollkommen abgeschlossen sein, jedenfalls aber muß zum vollkommenen Abschluß die Frist genügen, welche dem Referendar durch die Lage der

Verhältnisse vor Anberaumung des mündlichen Prüfungstermins gewährt wird.

Sonach dürfen fortan seitens der Referendare Gesuche der eingangs bezeichneten Art bei der Justiz-Prüfungskommission nicht gestellt werden.

IV. Rundschreiben des Präsidenten der Justiz-Prüfungskommission vom 7. Juli 1898 (JMBl. 1899 S. 26).

Die Art, in welcher selbst gut bezeugte Kandidaten der großen Staatsprüfung den ihnen zur Anfertigung einer Proberelation zugeteilten Rechtsfall in ihrem Gutachten und in den Gründen des von ihnen vorgeschlagenen Urteils behandeln, hat der Justiz-Prüfungskommission in neuerer Zeit besonders häufig Anlaß zum Tadel gegeben.

Fast in den meisten der gegenwärtig eingereichten Proberelationen gehen Gutachten wie Urteilsgründe auf eine in den mitgeteilten Akten enthaltene oder eine vom Kandidaten für erforderlich erachtete Beweisaufnahme früher ein, als es der logischen Anordnung des Gutachtens und der Urteilsgründe entspricht. Während die rechtliche Prüfung sämtlicher Parteibehauptungen erst beendet sein muß, ehe der Kandidat zu dem Schlusse gelangen kann, daß oder worüber Beweis zu erheben oder gar daß der erhobene Beweis erbracht oder nicht erbracht sei, werden täglich Arbeiten eingeliefert, in denen z. B. alsbald nach der Prüfung der einen oder anderen Klagbehauptung die Erörterung eingeschoben wird, ob diese Behauptung, auf welche der Gegner sich verneinend erklärt hat, durch die vernommenen Zeugen dargetan oder nicht dargetan sei. Findet dann der Kandidat bei Prüfung der weiteren Klagbehauptungen oder der Einreden, Repliken und Dupliken, daß es dem Klaganspruch an der nötigen Begründung fehle, oder daß derselbe durch eine Einrede ꝛc. ausgeschlossen erscheine, so beantragt er Klagabweisung, ohne zu erkennen, daß das stattgehabte und von ihm beurteilte, damit aber als gerechtfertigt anerkannte Beweisverfahren überflüssig, also mit Unrecht angeordnet war.

Ein solches Verfahren ist nicht nur zu mißbilligen, weil die durch Prüfung des Beweisverfahrens unterbrochene Prüfung der Erheblichkeit der Parteibehauptungen zu dem Resultate führt, daß ein Anlaß zu Beweiserhebungen überhaupt nicht vorlag, sondern es ist auch zu mißbilligen, wenn sich das vorweg behandelte Beweisverfahren nach der weiteren Sachprüfung als notwendig herausstellt. Denn derjenige, dem Rechtsgutachten oder Urteilsgründe vorgetragen werden, muß in der Lage sein, schrittweise die ihm vorgetragenen Sätze auf ihre Richtigkeit und Schlüssigkeit zu prüfen. Hierzu sieht er sich aber außerstande, wenn ihm der Satz, es sei über diese oder jene Behauptung Beweis zu erheben, früher als am Schlusse der Prüfung sämtlicher Parteibehauptungen entgegentritt.

In seiner schroffsten Gestalt führt dies hier getadelte Verfahren dahin, die Beurteilung eines Zivilrechtsstreites mit den Resultaten der Zeugenaussagen oder anderer Beweismittel zu beginnen, als wäre es Sache des Zivilrichters, durch Erhebung von Beweisen — gleich dem Strafrichter — die Ermittelung des Sachverhalts herbeizuführen und dann den ermittelten Sachverhalt rechtlich zu beurteilen, während die Parteibehauptungen die Hauptsache sind und der Zivilprozeß von der Verhandlungsmaxime beherrscht wird.

Daß es sich hierbei nicht etwa bloß um einen formellen Punkt, sondern um einen weittragenden sachlichen Übelstand handelt, lehrt der Justiz-Prüfungskommission ihre Erfahrung. Denn die vielfach wahrgenommene nicht billigenswerte Methode, in den Proberelationen eine unlogische Anordnung zu befolgen, führt nicht bloß zu einer ungründlichen Beurteilung des Aktenstoffes und zu beliebigem Herausgreifen einzelner streitigen Tatsachen als Gegenstand eines unter Umständen überflüssigen Beweises, sondern sie führt auch besonders dahin, daß die unerläßliche genaue Feststellung das Beweisthema versäumt, ja sogar dahin, daß im Sachbericht der Beweisbeschluß übergangen und daß nur mitgeteilt wird, was der Inhalt der Aussagen von vernommenen Zeugen und Sachverständigen ist.

Einer Verkennung seiner Aufgabe macht sich auch derjenige Kandidat schuldig, welcher ein Beweisverfahren in den ihm zugeteilten Akten vorfindet, aber dessen Prüfung im Gutachten oder gar dessen Darstellung im Referate übergeht, weil seiner Ansicht nach das Beweisverfahren unnötig gewesen sei. In Fällen dieser Art ist es allein richtig, den Rechtsstreit ein schließlich des Beweisverfahrens im Sachbericht vorzutragen, im Gutachten aber zunächst das ohne Beweisauflage zu erlassende Endurteil zu begründen und eventuell dann den in den Akten befindlichen Beweisbeschluß einer Kritik und in honorem judicii das an den Beweisbeschluß sich anlehnende Beweisverfahren einer Prüfung zu unterwerfen.

Hieraus folgt zugleich, daß die Proberelationen aus Akten, welche einen Beweisbeschluß enthalten, sich stets auf Prüfung dieses Beweisbeschlusses und seiner Fassung mit zu erstrecken haben, und zwar entweder im Prinzipal- oder Eventual-Gutachten.

Eine jede Proberelation muß demgemäß ihrer inneren Anlage nach den Weg gehen, daß der Referent zunächst die Frage beantwortet:

ob er ohne Beweisverfahren zu einem Endurteile gelangt.

Verneint er diese Frage, so muß dieser erste Teil seiner Untersuchung mit bestimmter Hervorhebung der Tatsachen schließen, ohne deren Beweis die eine oder die andere Partei nicht obsiegen kann. Damit wird die für den Fall der Verneinung der ersten Frage sich ergebende zweite Frage beantwortet:

was des Beweises bedürftig sei.

Als Schlußfrage ergibt sich endlich die Frage:

ob der zu erfordernde Beweis erbracht sei.

Eure pp. ersuche ich ergebenst, von dieser Mitteilung den im dortigen Bezirke beschäftigten Referendaren gefälligst Kenntnis geben zu wollen.

Den gegenwärtig in der großen Staatsprüfung befindlichen Referendaren, welche ihre Proberelation noch zu liefern haben, beabsichtige ich meinerseits die nötige Mitteilung zu machen.

V. Formular betreffend Zuteilung der wissenschaftlichen Arbeit.

Nachdem die Justiz-Prüfungskommission unterm . . . . . . beauftragt worden ist, sich Ihrer Prüfung zu unterziehen, erhalten Sie anliegend die Ihnen erteilte Aufgabe zur wissenschaftlichen Arbeit.

Sie haben dieselbe in deutlicher Schrift auf gebrochenem Bogen aktenmäßigen Formats, nicht über 25 Zeilen auf der Seite, geheftet und foliiert binnen einer sechswöchigen Frist vom Tage des Empfanges dieses Erlasses mittels Berichts einzusenden oder zwischen 9 Uhr morgens und 8 Uhr abends bei dem Botenmeister des Justizministeriums bezw. dessen Stellvertreter unter Beifügung eines Berichts einzureichen.

Im übrigen werden Sie auf die Vorschriften des § 33 Abs. 2 u. 3 des Prüfungsregulativs vom 1. Mai 1883 (JMBl. S. 131) verwiesen.

Bei der Bearbeitung der Ihnen erteilten Aufgabe haben Sie einerseits das Ziel ins Auge zu fassen, eine gründliche und erschöpfende Erörterung des Stoffes zu geben, auch eine ausreichende Kenntnis der über den Gegenstand vorhandenen Literatur darzulegen, andererseits sich gegenwärtig zu halten, daß, da nach der Absicht des Gesetzes vom 6. Mai 1869 die große Staatsprüfung einen „wesentlich praktischen" Charakter an sich tragen soll — § 10 —, auch die rechtswissenschaftliche Arbeit diesen praktischen Charakter nicht darf vermissen lassen. Deshalb haben Sie insbesondere jede Abschweifung in nebenliegende, nicht streng mit der gestellten Aufgabe in Verbindung stehende Gebiete zu vermeiden und darauf zu sehen, daß schon durch die Gedrängtheit des der Arbeit gegebenen äußeren Umfanges sie sich als eine wesentlich praktische Arbeit darstelle.

Bei jeder Eingabe an die Justiz-Prüfungskommission ist die Wohnung zu vermerken, auch beim Wohnungswechsel eine sofortige Anzeige davon zu machen.

Den Tag, an welchem dieser Erlaß nebst Anlage in Ihrer Behausung durch die Post abgegeben ist, haben Sie umgehend anzuzeigen. Spätestens an demjenigen Tage, welcher durch seine Benennung dem Empfangstage entspricht, ist die Arbeit bei Meidung ihrer Zurückweisung einzureichen. Die am Schlusse der Arbeit abzugebende Versicherung hat dem Wortlaute der Vorschrift in § 33 Abs. 2 des Prüfungsregulativs genau zu entsprechen. Durch das in dieser Vorschrift enthaltene Verbot, fremder Hilfe sich zu bedienen, erscheint auch eine Besprechung der Arbeit mit andern ausgeschlossen. Es sind mehrfach Fälle zur Kenntnis der Justiz-Prüfungskommission gekommen, in welchen die selbständige Anfertigung der eingelieferten Arbeit durch eine derartige Besprechung der Kandidaten beeinträchtigt worden ist. In diesen Fällen hat sich der Herr Justizminister auf Antrag der Justiz-Prüfungskommission veranlaßt gesehen, gemäß § 43 des Prüfungsregulativs einzuschreiten.

Sämtliche für die Justiz-Prüfungskommission bestimmten Schriftstücke sind unter der Adresse: „An die Königliche Justiz-Prüfungskommission" einzureichen.

VI. Formular betreffend Zuteilung der praktischen Arbeit.

Anliegend erhalten Sie die aus 1 Bande bestehenden Akten in Sachen der ....
zur Anfertigung der schriftlichen Relation.

Sie haben die angefertigte Relation in deutlicher Schrift auf gebrochenem Bogen aktenmäßigen Formats, nicht über 25 Zeilen auf der Seite, geheftet und foliiert, unter Wiederbeifügung der Akten binnen einer dreiwöchigen Frist vom Tage des Empfanges dieses Erlasses mittels Berichts einzusenden oder zwischen 9 Uhr morgens und 8 Uhr abends bei dem Botenmeister des Justizministeriums bezw. dessen Stellvertreter unter Beifügung eines Berichts einzureichen.

Am Rande des Referats sind die Aktenfolien in Bezug zu nehmen. Im übrigen werden Sie auf die Vorschriften der §§ 33 und 34 des Prüfungsregulativs vom 1. Mai 1883 (JMBl. S. 131 ff.) verwiesen.

Für den Fall, daß Sie die Reinschrift der Arbeit nicht selbst übernehmen wollen, darf solche, da eine Reinschrift in der Kanzlei der Kommission nicht stattfindet, nur von einem gerichtlichen Kanzleibeamten, an welchen jedoch eine Verabfolgung der Akten nicht statthaft ist, angefertigt werden.

Die mitgeteilten Akten sind amtlich zu verwahren.

Den Tag, an welchem dieser Erlaß nebst Akten in Ihrer Behausung durch die Post abgegeben ist, haben Sie umgehend anzuzeigen. Spätestens an demjenigen Tage, welcher durch seine Benennung dem Empfangstage entspricht, ist die Arbeit bei Meidung ihrer Zurückweisung einzureichen.

Sämtliche für die Justiz-Prüfungskommission bestimmten Schriftstücke sind unter der Adresse

„An die Königliche Justiz-Prüfungskommission"

einzureichen.

Die am Schlusse der Arbeit abzugebende Versicherung hat dem Wortlaute der Vorschrift in § 33 Abs. 2 des Prüfungsregulativs genau zu entsprechen. Durch das in dieser Vorschrift enthaltene Verbot, fremder Hilfe sich zu bedienen, erscheint auch eine Besprechung der Arbeit mit andern ausgeschlossen. Es sind mehrfach Fälle zur Kenntnis der Justiz-Prüfungskommission gekommen, in welchen die selbständige Anfertigung der eingelieferten Arbeit durch eine derartige Besprechung der Kandidaten oder durch Benutzung einer Abschrift des in den zur Bearbeitung mitgeteilten Akten nicht enthaltenen Erkenntnisses beeinträchtigt worden ist. In diesen Fällen hat sich der Herr Justizminister auf Antrag der Justiz-Prüfungskommission veranlaßt gesehen, gemäß § 43 des Prüfungsregulativs einzuschreiten.

Es wird darauf hingewiesen, daß nach Maßgabe des § 34 des Prüfungsregulativs (vgl. auch JMBl. von 1890 S. 66) Proberelationen unzulässig sind, in denen Gutachten und Urteilsgründe ihrem verschiedenen Zwecke zuwider sich nicht als zwei selbständige Teile der Arbeit darstellen, sondern der eine Teil eine Wiederholung des andern ist.

VII. Formular betreffend Ladung zur mündlichen Prüfung.

Zu Ihrer mündlichen Prüfung ist auf

den .... d. Js., vormittags 10 Uhr,

im Dienstgebäude des Justizministeriums — Wilhelmstraße Nr. 65 — ein Termin anberaumt worden, zu welchem Sie hiermit vorgeladen werden.

Die für den mündlichen Vortrag bestimmten Akten werden Ihnen drei Tage vor dem Termin zugestellt werden.

Sollte eine Verhinderung eintreten, den Termin wahrzunehmen, so ist dies im Interesse des Geschäftsgangs der Justiz-Prüfungskommission und im Interesse der auf eine Ladung zum Termin wartenden Kandidaten sofort anzuzeigen.

Im Auftrage des Herrn Justizministers eröffne ich Ihnen folgendes: Den der Justiz-Prüfungskommission überwiesenen Referendaren ist es untersagt, behufs Vorbereitung auf den mündlichen Vortrag die in der ihnen zugeteilten Sache ergangenen gerichtlichen Entscheidungen sich zu beschaffen oder zu dem gleichen Zwecke Aufzeichnungen zu benutzen, welche von früheren Vorträgen der Sache herrühren. Jede Aufzeichnung über das, was Gegenstand der mündlichen Prüfung gewesen ist, einschließlich der Niederschrift des mündlichen Vortrags zwecks Mitteilung an Repetitoren oder an nachfolgende Prüflinge ist verboten. Zuwiderhandlungen haben strenge disziplinarische Ahndung zur Folge.

Notiz: Die Gebühr für das Assessorexamen beträgt 60 Mk. Zahlungsaufforderung ergeht etwa 2 Wochen vor dem Prüfungstermine. (Kgl. V. v. 12. Nov. 1755, Nov. Corp. Const. Bd. I S. 891 ff.)

Druck von Otto Walter in Berlin S. 14.

FSC
www.fsc.org
MIX
Papier | Fördert
gute Waldnutzung
FSC® C083411

Kolibri 360 GmbH
Ferdinand-Jühlke-Straße 7
99095 Erfurt, Deutschland
produktsicherheit@kolibri360.de